Laura Melara-Dürbeck
Die Gaumenfreuden des jungen Goethe

Laura Melara-Dürbeck

Die Gaumenfreuden des jungen Goethe

Die *Italienische Reise* kulinarisch erzählt

Mit Illustrationen von Katharina Piorkowski

Aus dem Italienischen von Gianni Notaro

Verlag Freies Geistesleben

Für Libero, der mich die Kunst der Geselligkeit lehrte.
Für Santina, die mich in die Geheimnisse
ihrer Küche einweihte.

Inhalt

Appetithäppchen 9

Aperitif: Südwärts 13

Vorspeise: Unterwegs 23

Erster Gang: Bologna 51

Beilage: Rom 74

Zweiter Gang: Neapel 94

Dessert: Sizilien 120

Digestif: Was bleibt 149

Literaturverzeichnis 154

Rezeptverzeichnis 157

Über die Autorin 159

Lesen ist ein Genuss

Appetithäppchen

Johann Wolfgang von Goethes *Italienische Reise*, der Reisebericht über seinen ersten Aufenthalt in Italien, ist wohl der bekannteste Teil der Biografie des großen Dichterfürsten. Goethe verbringt fast zwei Jahre dort, von September 1786 bis Mai 1788. Die Erinnerungen daran, die er in der ersten Person erzählt, werden zwischen 1816 und 1829 veröffentlicht, etliche Jahre nach seiner als junger Mensch verlebten Zeit in Italien.

Über Goethe und zu Goethe ist mittlerweile fast alles geschrieben worden. Aber obwohl zahlreiche Publikationen das große deutsche Genie als literarischen Feinschmecker ausweisen, wurde seine *Italienische Reise* bisher nie unter dem Aspekt der doch allgegenwärtigen kulinarischen Komponente gelesen. In den Aufschrieben während seiner Italienreise präsentiert sich Goethe als aufmerksamer Beobachter der Essgewohnheiten des *Bel Paese* – des «schönen Landes», wie Italien zuweilen poetisch bezeichnet wird –, und das im weitesten Sinne, das heißt, die Beschreibungen schließen auch die Gastronomie, das kulinarische Vokabular sowie Bräuche und gesellschaftliche Anlässe ein. Seine scharfsinnigen Schilderungen über die Hautfarbe derjenigen, die sich vorwiegend von Polenta ernähren, überraschen uns folglich ebenso wenig wie seine Erläuterungen zu Anbautechniken, Bewässerungssystemen, Agrarlandschaften, Märkten sowie zur Wohlfahrtspolitik des Königreichs beider Sizilien oder der Herstellung von Nudeln in sizilianischen Manufakturbetrieben. Dasselbe gilt für die detaillierten Beschreibungen von Festmahlen und der Menschen, die mit ihm an einem gedeckten Tisch sitzen.

Die *Italienische Reise* ist gespickt mit Passagen, in denen sich Goethe dem Leser und der Leserin offenbart, während er vorzügliche Speisen genießt, oder sich wiederum darüber beschwert, dass ihm ein Gericht nicht mundet oder die Bewirtung in einer Poststation respektive Herberge zu wünschen übrig lässt. Oftmals handelt es sich dabei um kurze Notizen, so knapp gehalten wie eine SMS: Dem Lesenden obliegt die heikle Aufgabe, zu interpretieren, was sich hinter einer konzisen Anmerkung, die meist vage bleibt, verbirgt. Ich habe mir beim Lesen des Werkes Picknicks und hastig verzehrte Mahlzeiten ebenso bildlich vorgestellt wie die Orte, an denen man mit Lebensmitteln in Berührung kommt, diese probiert, isst, verdaut oder nicht verträgt. Ich hielt inne, um über Umgebungen, Räumlichkeiten, Gegenstände und Personen zu sinnieren, die mit einem bestimmten Produkt, einer bestimmten Zutat oder einem bestimmten Gericht in Verbindung gebracht werden.

Das können öffentliche Stätten sein, etwa Osterien, Poststationen und Märkte, oder ländliche Gebiete wie die römische *Campagna,* aber auch private Domizile wie die Häuser reicher Aristokraten oder die schmucklosen Küchen sizilianischer Bauern.

Goethes Begegnungen mit den italienischen Speisen des 18. Jahrhunderts sind von der Vielfalt geprägt, die charakteristisch ist für das damals in viele Staaten und Kleinstaaten unterteilte Italien. Er bereist derer sechs: die Grafschaft Tirol und das Herzogtum Mailand, beide zur Habsburger Monarchie gehörend, die Republik Venedig, das Großherzogtum Toskana, den Kirchenstaat sowie das Königreich beider Sizilien.

Im Laufe seiner Reise durch den Stiefel, von Norden nach Süden und wieder zurück, kommt er in den Genuss unterschiedlichster Gaumenfreuden, allesamt typisch für eine kulinarische Esskultur, die die Vielschichtigkeit des *Bel Paese* widerspiegeln. Schon seinerzeit gab es eine Vielzahl italienischer Küchen, und dieser Tradition folgend, habe ich mich auf Goethes Spuren begeben und mich gefragt, wie Wolfgang heute wohl speisen würde.*

Buon viaggio! Gute Reise!

* Wenn nicht anders angegeben, sind die Rezepte für 4 bis 6 Personen gedacht.

Aperitif: Südwärts

Kennst du das Land, wo die Zitronen blühn,
Im dunkeln Laub die Goldorangen glühn,
Ein sanfter Wind vom blauen Himmel weht,
Die Myrte still und hoch der Lorbeer steht,
Kennst du es wohl?
Dahin! Dahin!
Möcht' ich mit dir, o mein Geliebter, ziehn!

Dies sind die berühmten Verse des *Mignon-Liedes*, die die Sehnsucht nach einem unbekannten Land beschreiben, das stets mit Italien assoziiert wurde. Die Bilder, die das Lied der kleinen Mignon heraufbeschwört, symbolisieren das, was man traditionell mit dem Süden verbindet: Zitronen, Orangen, Myrte, Lorbeer, den strahlend blauen Himmel, das Meer. In dieser äußerst klischeehaften Vorstellung spiegelt sich die typisch deutsche *Sehnsucht* nach Italien wider, sowohl im 18. Jahrhundert als auch heute noch. Doch wieso hat sich Johann Wolfgang von Goethe auf dieses italienische Abenteuer eingelassen?

Als der Dichter sein erstes Jahrzehnt im Herzogtum Sachsen-Weimar Revue passieren lässt, stellt er fest, dass er in seiner schriftstellerischen Tätigkeit auf der Stelle tritt, da sie mit seinen Aufgaben als Berater des Herzogs Karl August nicht vereinbar ist. Zur politischen und künstlerischen Unzufriedenheit gesellt sich auch sentimentale Frustration, hervorgerufen durch eine lange und unerfüllte Liebesbeziehung mit Charlotte von Stein. Um sich aus diesem depressiven Zustand zu befreien, beschließt Goethe, sein Leben radikal zu verändern, indem er sich auf die Suche nach jenem irdischen Paradies begibt, das er seit seiner Kindheit idealisiert hat und welches für ihn Italien verkörpert. Seine Kenntnisse in Latein und Italienisch, beides Sprachen, die er in seiner Jugend in Frankfurt gelernt hat, erlauben es ihm, konkreter von diesem Süden und dessen prägnanten Farben zu träumen – vom Gelb der Zitronen bis zum Blau des Meeres, vom Azur des Himmels über das Grün der Olivenbäume und der mediterranen Macchia bis hin zu den warmen Tönen der Orangen.

Neben den klassischen Kunstformen sind es die Musikalität der Sprache und die Lebensfreude der Menschen, die ihn verlocken. Mit der Reise nach Italien tritt Johann Wolfgang von Goethe in die Fußstapfen seines Vaters, Johann Caspar Goethe (1710–1782), der bereits 1740 etwa acht Monate in Italien verbracht hatte. Die väterlichen Erzählungen und die zahlreichen touristischen Souvenirs sind die Saat, die in dem jungen Johann Wolfgang den Wunsch aufkeimen lässt, den Taten des Vaters nachzueifern. Das daraus resultierende Reisetagebuch ist ein Zeugnis dafür, dass er die vom Vater gesammelten Erfahrungen in den Schatten stellt, und es macht aus Goethe einen wahrhaftigen Botschafter, den zweifellos besten Tourismusförderer, den der italienische Staat in Deutschland je hatte.

Man könnte sogar sagen, dass sich in der Familie Goethe eine regelrechte Krankheit manifestiert hat; der *Bel Paese* stellt eine Art Besessenheit dar, die drei Generationen geprägt hat. Denn auch der Sohn des Dichters, August von Goethe (1789–1830), unternahm später de facto 1830 eine Reise in das Land, *wo die Zitronen blühn*, und trat damit nicht nur in die Fußstapfen des Vaters, sondern auch in die seines Großvaters.

Goethes Familie gehört zum Großbürgertum und schätzt die Freuden des Lebens, wie etwa Musik, Literatur und gutes Essen. Die Großeltern des Dichters besitzen ein angesehenes Hotel in Frankfurt: den *Gasthof zum Weidenhof.* Als Anna Margaretha Justina Lindheimer 1727 im Alter von gerade einmal siebzehn Jahren Goethes Großvater heiratete, brachte sie als Mitgift ein mit vielen Rezepten versehenes Hauswirtschaftsbüchlein in die Ehe ein.

Dank Johann Caspars präzisen Anmerkungen im Haushaltsbuch erfahren wir überdies, welche

Produkte und Zutaten im Goethe-Haushalt bestellt wurden: Wurst aus Göttingen, Käse aus Holland, Rosenzucker aus Genua, Zuckermandeln, Schokolade; die am häufigsten erwähnten Erzeugnisse betreffen das Schlachten von Schweinen, während Gänse und Rindfleischstücke geräuchert oder in Salz eingelegt wurden. Goethes Tante Melber, die ein Lebensmittelgeschäft besaß, belieferte die Familie indes mit Tee und Gewürzen.

Wenn man die Beziehung des Dichters zur Küche, die als Mittelpunkt des Hauses verstanden wird, genauer unter die Lupe nimmt, kann es nützlich sein, sich eine kuriose Anekdote aus seiner Autobiografie *Dichtung und Wahrheit* in Erinnerung zu rufen. Die Mutter des kleinen Johann Wolfgang hatte auf dem Stadtmarkt neues Geschirr und als Spielzeug für ihre Tochter die entsprechende Miniaturausgabe erworben. Eines Nachmittags, als der Junge allein war, beschloss er, sich in kulinarischer Hinsicht zu betätigen, indem er das Miniatur-Geschirrservice Stück für Stück aus dem Fenster warf. Angestachelt von seinen Nachbarn, die dem *Schauspiel* beiwohnten, nahm er sich anschließend das Geschirr seiner Mutter vor und richtete ein wahres Teller-Massaker an. Ob das insgeheim – neben der sichtlichen Freude, die er an dem Zerbrechen des Geschirrs hatte – auch ein Akt der Verärgerung darüber war, als Junge von der Welt des Kochens ausgeschlossen zu sein? Von dem Ort, an dem die Zutaten auf geheimnisvolle Weise in köstliche Gerichte verwandelt werden, an dem der Geschmack Gestalt annimmt, die Natur in Kultur umgewandelt wird und die Frau, Hüterin eines uralten Wissens, aus dem Rohstoff etwas Genießbares zaubert? Dem kleinen Wolfgang dämmert hier vielleicht schon die zentrale Bedeutung dieser mysteriösen Umgebung, und er möchte aktiv daran teilhaben: Die höchst eigenwillige Zerstörung des Geschirrs stellt, so gesehen, auch einen Akt der Rebellion des künftigen Dichters dar, eines modernen Prometheus, der sich erhebt, um die vorgegebene Ordnung umzustürzen, die ihm den Zugang zu diesem magischen Ort verwehrt.

Immer wieder wird die Abruptheit seiner Abreise hervorgehoben, die Goethe in Wirklichkeit jedoch minutiös und frühzeitig planen muss. Man kann sich heute nur schwer vorstellen, was es bedeutete, in jener Zeit eine solche Reise in Angriff zu nehmen: Vor 1860 benötigt man auf dem Weg nach Italien so viele Pässe, wie es Staaten gibt, die man dabei passiert, zusätzlich zu dem des Herkunftslandes, versteht sich. Wer die Alpen in Richtung Süden überquert, muss außerdem ein *Gesundheitszeugnis* vorlegen, wenn er aus einem Gebiet kommt, das von einer Epidemie betroffen ist. Darüber hinaus gilt es, sich mit den verschiedenen Währungssystemen vertraut zu machen: ein Albtraum angesichts der Vielzahl von Währungen auf der Halbinsel. Es handelt sich um eine gemächliche Form des Tourismus, dessen gängigstes Beförderungsmittel die zweifelsohne unbequeme Kutsche ist, ganz gleich, ob privat, öffentlich oder von Kutschern organisiert. Die Straßen sind größtenteils ungepflastert, selten asphaltiert und daher bei Regen unpassierbar. Brücken sind eher rar gesät, und Wasserläufe werden oft durchwatet. Die *Grand Tour*, wie die Italienfahrt in Kreisen des Adels und des gehobenen Bürgertums damals gern genannt wurde, ist eine obligatorische Reise, doch wenn man von den unvermeidlichen Stopps in Venedig, Rom und Neapel absieht, ist es unabdingbar, auch den Jahreszeiten und klimatischen Schwankungen Rechnung zu tragen.

Den geeigneten Zeitpunkt für Goethes Abreise stellen die Feierlichkeiten in Böhmen anlässlich seines siebenunddreißigsten Geburtstags (28. August 1786) dar. Am 4. September 1786, um drei Uhr morgens, bricht Johann Wolfgang von Karlsbad auf, ohne sich von seinen Freunden zu verabschieden – aus Angst, sie könnten ihn von seinem Vorhaben abbringen. Der einzige Eingeweihte ist Herzog Karl August, der ihn auf unbestimmte Zeit von seinen Pflichten am Hof entbindet. Goethe reist allein, inkognito und unter falschem Namen. Er wählt *Johann Philipp Möller* als Pseudonym, gibt sich als gebürtiger Leipziger aus und erzählt den Leuten je nach Situation, er sei Kaufmann oder Maler – eine List, um sich die Unannehmlichkeiten zu ersparen, die mit seinem Bekanntheitsgrad einhergehen, den er inzwischen in ganz Europa erlangt hat; der Erfolg, den er mit der Veröffentlichung des *Werther* verbuchen konnte, hat ihn weithin zum Star gemacht. Nach einem Leben voller Privilegien möchte er wie ein gewöhnlicher Mensch behandelt werden, um die Wunder des irdischen Paradieses, das sich vor seinen Augen entfaltet und dessen Köstlichkeiten er nach und nach genießen wird, besser erkunden zu können und schätzen zu lernen.

Das Essen des Flüchtigen

*Es begegnete mir eine Frau mit Feigen, welche als die ersten vortrefflich schmeckten.**
Nach einem üppigen Geburtstagsmahl ernährt sich Goethe bei seiner Flucht in den Süden vorwiegend von saisonalen Früchten, und es mag überraschen,

* Zitate von Goethe – aus der *Italienischen Reise* oder anderen Werken – und von anderen Autoren werden hier kursiv wiedergegeben.

dass er dabei die in nördlichen Breitengraden eher selten vorkommenden Feigen erwähnt. Obwohl sie sehr geschätzt werden und auf den gedeckten Tischen der Aristokratie und des Großbürgertums eine Raffinesse darstellen, ist es doch verwunderlich, dass ein einfaches Bauernmädchen sie ihm auf dem Weg zwischen den Poststationen anbietet. Womöglich hat sie der berühmte Dichter bewusst ausgewählt, damit sie ein gutes Omen für das Gelingen seiner soeben begonnenen Reise sein mögen.

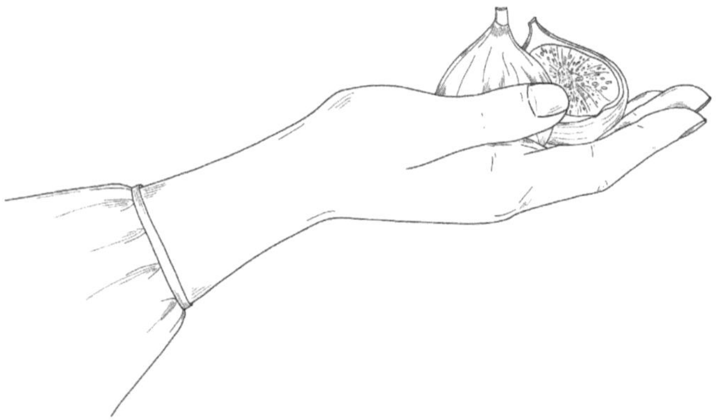

Ciambellone ai fichi (Kranzkuchen mit frischen Feigen)

Zutaten

250 g Mehl Typ 00
50 g Buchweizenmehl
100 g fein gehackte Walnüsse
15 g frische Hefe
2 Eier
1 Prise Salz
1 TL Zucker
50 g Butter (Raumtemperatur)
200 ml Milch
8 reife Feigen
20 g Sultaninen
100 g Rohrzucker

Die Feigen waschen und schälen, in Stücke schneiden und mit ein paar Esslöffeln Wasser und 50 g Zucker in einen Topf geben. 15 Minuten köcheln lassen, den Herd ausschalten und die Sultaninen hinzufügen. Abkühlen lassen. Anschließend abgießen und die Kochflüssigkeit beiseitestellen.

Die beiden Mehlsorten und die gehackten Nüsse in eine Schüssel geben und den restlichen Zucker hinzufügen. Hefe in der warmen Milch mit einem

Teelöffel Zucker und einer Prise Salz auflösen. Die aufgelöste Hefe, die weiche Butter und die Eier zum Mehl geben und zu einem elastischen Teig kneten. Diesen eine halbe Stunde an einem warmen Ort gehen lassen. Im Anschluss den Teig erneut kneten und eine weitere Stunde gehen lassen.

Den aufgegangenen Teig mit einem Nudelholz ausrollen, Feigen und Sultaninen darauf verteilen und einrollen. Dann den Teig in eine Kranzkuchenform geben und weitere 40 Minuten gehen lassen. Mit der Kochflüssigkeit der Feigen bestreichen und im vorgeheizten Ofen bei 180 °C 20 Minuten backen, danach auf 160 °C herunterschalten und den Kuchen weitere 20 Minuten fertig backen.

Vorspeise: Unterwegs

Seit Jahrhunderten markiert der Brennerpass als obligatorischer Übergang für Reisende aus den germanischen Ländern die Trennlinie zwischen der mediterranen Welt und Mittel- bzw. Nordeuropa. Eine schmale Schlucht, ein unwirtlicher, düsterer Ort, eingezwängt zwischen steilen Felsen, so präsentiert er sich Goethe, als dieser am späten Abend des 8. September 1786 dort ankommt. Er übernachtet im *Gasthaus zur Post*, das er als komfortable und gemütliche Unterkunft beschreibt. Dank seines ausgeprägten Interesses an Naturwissenschaften, Meteorologie und Geologie fallen die Schilderungen des Dichters über das milde Klima, die Landschaft, die Berge und die bewirtschafteten Felder sehr detailliert aus: Endlich hat er das *gelobte Land* erreicht, *die Heimat alles Schönen.* Hier begegnet man bereits den ersten Obstkulturen – Äpfeln, Birnen und Pfirsichen, quasi Juwelen der Schöpfung, die die Täler bereichern –, während die Hänge mit Weinbergen geschmückt sind: *Auf dem Lande, nah am Fluss, die Hügel hinauf ist alles so enge an- und ineinander gepflanzt, dass man denkt, es müsse eins das andere ersticken. – Weingeländer, Mais, Maulbeerbäume, Apfel, Birnen, Quitten und Nüsse.*

Den Weinbergen widmet er ausführliche Erläuterungen. Goethe hat nämlich das Geheimnis entschlüsselt, das mit der Territorialität eines Produkts verbunden ist, oder anders formuliert, wie das komplexe Zusammenspiel klimatischer, geologischer, geografischer und menschlicher Faktoren ursächlich dafür ist, dem Wein einen bestimmten Charakter zu verleihen: *Eine milde, sanfte Luft füllte die Gegend. [...] Die Hügel am Fuße der Berge sind mit Wein bebaut. Über lange, niedrige Lauben sind die Stöcke gezogen, die blauen Trauben hängen gar zierlich von der Decke herunter und reifen an der Wärme des nahen Bodens. Auch in der Fläche des Tals [...] wird der Wein in solchen eng aneinanderstehenden Reihen von Lauben gebaut, dazwischen das türkische Korn.*

Goethe trifft zu Beginn der Weinlese ein, und er beobachtet eine besondere Technik, mit der die Winzer die Früchte schützen: *Viele Besitzer bespritzen die vordersten Reihen mit Kalk, der die Trauben ungenießbar macht, dem Wein aber nichts schadet, weil die Gärung alles wieder heraustreibt.* Die Qualität und der sorgfältige Umgang mit den Pflanzen und Früchten sind ausschlaggebend für eine gute Ernte und einen erlesenen Wein, den Goethe womöglich bei einer Pause anlässlich des Pferdewechsels probiert, während er die Landschaft bewundert und sich von der Septembersonne wärmen lässt.

Der Dichter ist ein Weinkenner, rheinische und fränkische Rebensäfte haben es ihm besonders angetan. Er trinkt gern, und es heißt, er habe sich im fortgeschrittenen Alter zum Frühstück stets ein Gläschen Madeira genehmigt. Sein besonderes Interesse an Wein ist – wenn man so will – schon auf seine Geburt zurückzuführen: Denn nachdem er mit Asphyxie (also mit Sauerstoffmangel) auf die Welt gekommen war, konnte er seine Augen erst öffnen, nachdem seine Großmutter mütterlicherseits gerade noch rechtzeitig eingeschritten war – sie tauchte ihn in einen mit lauwarmem Wasser gefüllten Bottich und massierte seine Brust mit erhitztem Wein. Dieser erste Kontakt mit dem dionysischen Getränk, die erste sinnliche Begegnung des Säuglings mit Wein, sollte ihn für immer prägen. In Frankfurt floriert zu jener Zeit der Weinhandel, und die umliegenden Hänge sind mit zahlreichen Weinbergen bestockt. Johann Wolfgangs Großvater väterlicherseits besitzt zwei *innerstädtische Gärten*, die zum Teil mit Weinreben für den Eigenbedarf bebaut sind.

In seiner Autobiografie beschreibt sein Enkel die Weinlese als den Höhepunkt des Jahres: *Nach mancherlei Früchten des Sommers und Herbstes war aber doch zuletzt die Weinlese das Lustigste und am meisten Erwünschte: ja es ist keine Frage, dass, wie der Wein selbst den Orten und Gegenden, wo er wächst und getrunken wird, einen freiren Charakter gibt, so auch diese Tage der Weinlese [...] eine unglaubliche Heiterkeit verbreiten. [...] Die nachherigen Bemühungen beim Keltern und während der Gärung im Keller gaben uns auch zu Hause eine heitere Beschäftigung.*

Ähnliche Emotionen ruft auch die Weinlese in Italien, der er beiwohnen darf, bei ihm hervor: *Rechts verbreitet sich [...] fruchtbares Feld, man blickt in tiefe Baumreihen, an welchen die Reben in die Höhe gezogen sind. [...] Die Trauben sind zeitig und beschweren die Ranken. [...] Besonders freuten mich die Wagen mit niedrigen, tellerartigen Rädern, die, mit vier Ochsen bespannt, große Kufen hin und wider führen, in welchen die Weintrauben aus den Gärten geholt und gestampft werden. Die Führer standen, wenn sie leer waren, drinnen, es sah einem bacchischen Triumphzug ganz ähnlich.* Die italienischen Weine haben vermutlich einen höheren Alkoholgehalt, als Goethe es gewohnt ist: Um sie besser verdauen zu können, ist er gezwungen, sie zu verdünnen, insbesondere die Rotweine.

Der Dichter ernährt sich von sämtlichen Früchten, die er unterwegs vorfindet oder ihm angeboten werden. In Malcesine am Gardasee verschmäht er es nicht, Weintrauben zu kosten, um sich von einer unerfreulichen Begegnung mit den Gendarmen der *Serenissima* zu erholen, die ihn für einen Spion in kaiserlichen Diensten gehalten hatten. Das Verlangen, mit dem er sich auf die Trauben stürzt, erinnert an jenes von Eva, die begierig die Frucht der Erkenntnis pflücken möchte. Und genau darum geht es ihm: Goethe strebt nach sinnlicher Erkenntnis und dem Verständnis für die gastronomische Kultur des Landes, das er bereist. Entsprechend schreibt er: *Mein eigentlich Wohlleben aber ist in Früchten, in Feigen, auch Birnen, welche da wohl köstlich sein müssen, wo schon Zitronen wachsen.*

In Torbole, am Nordufer des Gardasees gelegen, weiht ihn der Inhaber der *Locanda della Rosa* in die gardesanischen Gaumenfreuden ein, indem er ihm Forellen zum Abendessen kredenzt: *Der Wirt verkündigte mir mit italienischer Emphase, dass er sich glücklich finde, mir mit der köstlichsten Forelle dienen zu können. Sie werden bei Torbole gefangen, wo der Bach vom Gebirge herunterkommt und der Fisch den Weg hinauf sucht. Der Kaiser erhält von diesem Fange zehntausend Gulden Pacht. Es sind keine eigentlichen Forellen, groß, manchmal funfzig Pfund schwer, über den ganzen Körper bis auf den Kopf hinauf punktiert; der Geschmack zwischen Forelle und Lachs, zart und trefflich.*

Goethe hat eine Vorliebe für Fisch, insbesondere für Forellen. Er geht angeln und scheut sich nicht, in der Nähe der Gewässer zu grillen, um den Geschmack des lokalen Fangs noch vor Ort genießen zu können. Wahrscheinlich handelt es sich bei den Fischen von Torbole um die typischen Lachsforellen der Region, deren rosa Farbe darauf zurückzuführen ist, dass sich die Fische von Krebstieren aus dem See ernähren.

Und was bildet den Abschluss der Mahlzeit? Weiße Feigen. *Die Feigenbäume hatten mich schon den Weg herauf häufig begleitet.* [...] *Hier traf ich auch zum ersten Mal die weißen kleinen Feigen als gemeine Frucht.*

In der mangelhaften und unausgewogenen Ernährung, die hauptsächlich aus Polenta besteht, sieht Goethe die Ursache für das kränkliche Aussehen vieler Frauen: [...] *bemerkte ich eine entschiedene Veränderung der Gestalt, besonders missfiel mir die bräunlich bleiche Farbe der Weiber.* [...] *Ich glaube die Ursache dieses krankhaften Zustandes in dem häufigen Gebrauch des türkischen und Heidekorns zu finden. Jenes, das sie auch gelbe Blende nennen, und dieses, schwarze Blende genannt, werden gemahlen, das Mehl in Wasser zu einem dicken Brei gekocht und so gegessen. Die jenseitigen Deutschen rupfen den Teig wieder auseinander und braten ihn in Butter auf. Der welsche Tiroler hingegen isst ihn so weg, manchmal Käse darauf gerieben.* Der Dichter merkt zudem an, wie andere Bauern sich *von grünen Bohnen* ernähren, *die sie in Wasser absieden und mit Knoblauch und Öl anmachen.*

Polenta hat eine lange Tradition, die sich nicht nur auf die Ernährung der norditalienischen Völker beschränkt: Der Begriff bezeichnet sowohl die Zutat (ein Mehl aus Hirse, Roggen oder Hülsenfrüchten) als auch das fertig zubereitete Gericht, will sagen: einen recht cremigen Brei, in alter römischer Tradition, der auch im Mittelmeerraum weit verbreitet ist. Der Wendepunkt kommt mit der Einführung von Mais respektive amerikanischem Getreide.

Nur wenige Jahrzehnte, bevor Goethe nach Italien reist, bietet uns Carlo Goldoni in seiner Komödie *La donna di garbo oder Liebe macht erfinderisch* aus dem Jahre 1743 eine der vielleicht schönsten und romantischsten Beschreibungen der Zubereitung dieses Gerichts, und zwar, als Rosaura, die Zofe im Hause des Dottore, sich Arlecchino, dem Diener des Dottore, nähert und ihm zuflüstert:

Wenn heute Nacht alle zu Bett sind, wollen wir uns beide in der Küche treffen. Wir machen ein Feuer und setzen den großen Kessel mit Wasser auf. Wenn es dann kocht, gießen wir goldenes Weißmehl ganz langsam, gleich einem dünnen Wasserstrahl, hinein. Mit dem Kochlöffel rührst du das Ganze, derweil ich eine Schüssel mit reichlich Butter ausstreiche, in die wir dann eine Lage des dichten Maisbreis schütten, darauf dann Butter und noch eine Lage des dichten Maisbreis und wieder Butter und Käse, und dann machen wir schnell noch das Ganze, bis Rahm und Käse oben hellbraun sind. Und damit es noch besser schmeckt, holen wir aus dem Keller eine oder zwei Flaschen Wein.

Die erste Begegnung mit Zitronen in ihrer natürlichen Umgebung findet ebenfalls am Gardasee statt. Berühmt ist Goethes Beschreibung der Zitronenhaine von Limone, als er mit dem Boot von Torbole nach Malcesine fährt:

Wir fuhren bei Limone vorbei, dessen Berggärten, terrassenweise angelegt und mit Zitronenbäumen bepflanzt, ein reiches und reinliches Ansehn geben. Der ganze Garten besteht aus Reihen von weißen viereckigen Pfeilern, die in einer gewissen Entfernung voneinander stehen und stufenweis den Berg hinaufrücken. Über diese Pfeiler sind starke Stangen gelegt, um im Winter die dazwischen gepflanzten Bäume zu decken.

Ein plötzlicher Wind zwingt die Bootsführer, den Kurs in Richtung Hafen von Malcesine zu ändern. Beim Anblick der Zitronenhäuser wird dem Dichter zum ersten Mal seit Beginn der Reise bewusst, dass Mignons *Sehnsuchtslied* erst hier seine Vollendung erfährt. Zum Zeitpunkt von Goethes Durchreise ist der Zitronenanbau in den Zitronengewächshäusern – imposante, an den Hängen gelegene Gebäude, die es ermöglichten, dass die Pflanzen Früchte trugen und der Kälte in den ungewohnten Breitengraden trotzten – noch immer ein florierendes und rentables Geschäft. Die Kultivierung von Zitronen, die bereits im 13. Jahrhundert von Franziskanermönchen eingeführt wurde, verbreitete sich vor allem an der klimatisch gemäßigteren Westküste. Zusammen mit Orangen und Zedratzitronen wurden die Zitronen vom Gardasee (die im Vergleich zu denen aus Genua und Süditalien geringere Transportkosten verursachten) nach ganz Nordeuropa exportiert, insbesondere nach Deutschland, Russland und Polen, wo man ihre feine Qualität schätzte.

Goethe trifft in Venedig ein, nachdem er zuvor einen Zwischenstopp in Verona eingelegt hat. Dort ist er verzückt vom Angebot des städtischen Marktes: *Gemüse und Früchte unübersehlich, Knoblauch und Zwiebeln nach Herzenslust*. In der Nähe von Vicenza erblickt er hingegen in der *fruchtbaren* Ebene nahe dem Schloss von Thiene zum ersten Mal Reisfelder. In dieser Region erfährt die Tradition des Reisanbaus, die bereits im 16. Jahrhundert dokumentiert wurde, zu Goethes Zeit einen beträchtlichen Aufschwung dank der umfangreichen Maßnahmen zur Nutzbarmachung von Land, der Abholzung der Wälder, der Dränage und Kanalisierung von Wasser für die Irrigation (Bewässerung) der Reisfelder, angeordnet von der Republik Venedig.

Mit dem Schiff fährt der Dichter den Brenta hinab und erreicht schließlich die Lagunenstadt Venedig, die *Serenissima*. Hier bekommt er zum ersten Mal das Meer zu Gesicht. In der *Biberrepublik,* wie Goethe sie nennt, die ihn mit ihrer doppelten Identität empfängt – teils auf dem Land, teils im Wasser erbaut –, denkt er an seinen Vater und die Miniaturgondel, die er ihm einst als Andenken an dessen Aufenthalt in Venedig geschenkt hat.

Goethe quartiert sich im Hotel *Regina d'Inghilterra («Königin von England»)* in der Nähe des Markusplatzes ein. Der Blick aus seinem Zimmer geht auf einen Seitenkanal: Von hier aus, umgeben von den Wassern der Lagune, genießt der Dichter das *Schauspiel dieser Stadt*. Die Faszination, die von ihr ausgeht, hält ihn jedoch nicht davon ab, auch den vielen Schmutz auf den Straßen zu bemerken und sich zu fragen, weshalb es keine öffentliche Verordnung gibt, um das Problem zu beseitigen. Zeit ist kostbar, und so verbringt er die Stunden nach dem Mittagessen (über das er keine Einzelheiten verrät) oft damit, durch die Calli, Campi und Campielli zu *eilen,* um sich *erst einen Eindruck des Ganzen zu versichern*.

Genau wie in Verona und während der folgenden Etappen lässt sich Goethe auch hier *mitreißen* vom Volk, dieser großen Masse an Menschen, die mit ihrer Vitalität jeden Winkel der Stadt belebt:

Gewimmel, Durcheinander, ununterbrochenes Gelächter. Instinktive und ursprüngliche Gefühle im harmonischen Gleichgewicht mit der städtischen Architektur. In Venedig findet Goethe ebenfalls lobende Worte für die Märkte, insbesondere für den Fischmarkt: *Der Fischmarkt und die unendlichen Seeprodukte machen mir viel Vergnügen; ich gehe oft darüber und beleuchte die unglücklichen aufgehaschten Meeresbewohner.*

Ebenso angetan ist er von den *essbaren Schnecken*, von denen er hoffentlich welche im Viertel der Nicolotti, der Heimat der alteingesessenen venezianischen Fischer, kosten durfte. Fisch ist einer der Grundpfeiler der venezianischen Küche – eine gastronomische Tradition, die unmittelbar mit der Lage am Wasser zusammenhängt und dank der Einflüsse anderer Küchen, wie der islamischen, orientalischen, jüdischen und mitteleuropäischen, immer wieder bereichert und erneuert wird. Venedig ist eine Stadt, die seit jeher einen Knotenpunkt der Kulturen und des Handels darstellt, eine Mittelmeermacht, in deren Hafen die Schiffe mit Gewürzen, Kaffee, Zucker, Salzkabeljau und zahlreichen anderen Produkten einlaufen, und diese vielfältigen Waren werden nicht nur von den Venezianern konsumiert, sondern auch in alle Besitzungen der Republik sowie die Märkte Nord- und Osteuropas exportiert.

Blicken wir hier kurz zurück auf die Italienreise, die Goethes Vater seinerzeit unternommen hat. Johann Caspar erreicht aus Wien kommend das Gebiet der *Serenissima*. An der Grenze, in der Nähe von Palmanova, wird er aufgehalten, da er kein gültiges Gesundheitszeugnis vorlegen kann. Die Türkei wird in jenen Tagen von einer Pestepidemie heimgesucht, die auch bereits Ungarn befallen hat, sodass Reisende, die aus den Gebieten der Habsburger Monarchie aufgebrochen sind, bescheinigen müssen, gesund zu sein. Wer sich nicht daran hält, läuft im Zweifelsfall Gefahr, ausgewiesen zu werden und in sein Herkunftsland zurückkehren zu müssen. Caspar, der seine Reise fortsetzen möchte, legt daraufhin eine vierwöchige Zwangspause ein, an die er sich in späteren Jahren in seinem auf Italienisch verfassten Reisebericht insbesondere wegen seiner Erfahrungen mit dem Essen erinnern wird.

Was das Essen angeht [...]; *für die Tafel, sowohl für Fastenspeisen wie für gewöhnliche Kost, war reichlich gesorgt, aber das Essen war so eintönig, dass es Woche für Woche dasselbe gab, genau so wie in den Armenhäusern bei uns zu Hause* [...]. *Das war der Grund, warum mein Appetit immer geringer wurde und schließlich ganz schwand. Mein Wärter sah, dass die Gerichte beinahe unberührt auf dem Tisch stehen blieben, und nahm das für ein schlechtes Zeichen, als ob mir tatsächlich etwas in der befürchteten*

Art fehlte. Ich erklärte ihm, dass die Eintönigkeit der Gerichte die Ursache sei und diesen Überdruss des Magens hervorrufe, aber dem wollte er keinen Glauben schenken. Ich wählte daher einen anderen Weg und warf einen Teil des Essens aus dem kleinen Fenster zu den Hunden hinunter, die sich dort versammelten [...]. *Auf diese Weise heilte ich mich selbst, und mein Wärter begann, von mir wieder eine bessere Meinung zu bekommen. Meinen Magen, der bis Ende dieses Purgatoriums verdorben blieb, konnte ich dadurch freilich nicht wiederherstellen, aber so erfuhr ich immerhin am eigenen Leib, dass schon wenig Nahrung genügt, um uns bei guter Gesundheit zu halten. So verbrachte ich vier Wochen.*

Nach beendeter Quarantäne wird Johann Caspar Venedig betreten können – jene Stadt, die ihn im Laufe seiner Rundreise am meisten beeindrucken sollte, und zwar so sehr, dass er verlautbaren lässt, *die Kithara möge unaufhörlich spielen, um die Wunder Venedigs zu preisen.*

Filetto di manzo alla tirolese e polenta (Rinderfilet nach Tiroler Art mit Polenta)

Zutaten

Für das Filet:

1 kg Rinderfilet

40 g weißer Lardo

1 Zwiebel, 1 Karotte, 1 Selleriestange

3-4 dünne Schwarzbrotscheiben

8 frische Pflaumen (alternativ 150 g getrocknete Pflaumen)

3 EL rote Johannisbeerkonfitüre

4 Wacholderbeeren, 6 Pfefferkörner, 3 Nelken

1 Knoblauchzehe

¼ Liter Gemüse- oder Fleischbrühe

50 ml flüssige Sahne

¼ Liter Rotwein, vorzugsweise trocken

50 g Butter

50 ml Öl

Salz und Pfeffer

Den Lardo in Streifen schneiden und das Filet damit spicken. Das Gemüse waschen und in dünne Scheiben schneiden. Ein Backblech mit Butter einfetten und erst das Gemüse, dann die entsteinten Pflaumen, die Brotscheiben sowie die Johannisbeerkonfitüre darauf verteilen. Derweil ein Gewürzsäckchen vorbereiten. Während der Ofen vorheizt (180 °C), etwas Olivenöl in eine beschichtete Pfanne geben und das Filet etwa 4 Minuten anbraten. Dieses dann auf das Gemüse legen und die restliche Butter, das Öl sowie das Gewürzsäckchen dazugeben. Etwa 20 Minuten im Ofen garen. Danach die Temperatur auf 160 °C reduzieren, den Rotwein und die heiße Brühe darübergießen und weitere 30-40 Minuten garen, bis die Innentemperatur des Filets 60 °C (Medium) erreicht. Wenn das der Fall ist, das Filet aus dem Backofen holen und in Folie wickeln. Die Pflaumen herausnehmen und die Sahne in den verbliebenen Bratensaft gießen, aufkochen lassen, abseihen und abschließend die Pflaumen wieder hineingeben.

Für die Polenta:
250 ml Wasser oder Gemüsebrühe
250 ml Milch
30 g Butter
120 g Polenta (grobkörnige Sorte)
50 g kleingeschnittenes Gemüse
(Karotte, Frühlingszwiebel, Sellerie)
30 g geriebener Parmesan
Salz

Das Wasser (oder die Gemüsebrühe) mit der Milch vermischen und in einem Topf zum Kochen bringen. Salz hinzufügen und den Maisgrieß unter ständigem Rühren mit dem Schneebesen einrieseln lassen, damit sich keine Klumpen bilden. Bei mittlerer Hitze 40 Minuten köcheln lassen und häufig umrühren. In der Zwischenzeit das Gemüse in wenig Butter anbraten. Sobald die Polenta eine cremige Konsistenz hat, vom Herd nehmen, die restliche Butter, den Parmesan und das Gemüse hinzufügen und umrühren.

Zum Servieren: Zwei Esslöffel heiße Polenta in die Mitte eines Tellers geben und ein oder zwei Scheiben des Rinderfilets darauflegen. Mit dem Bratenfond beträufeln und die Pflaumen anrichten.

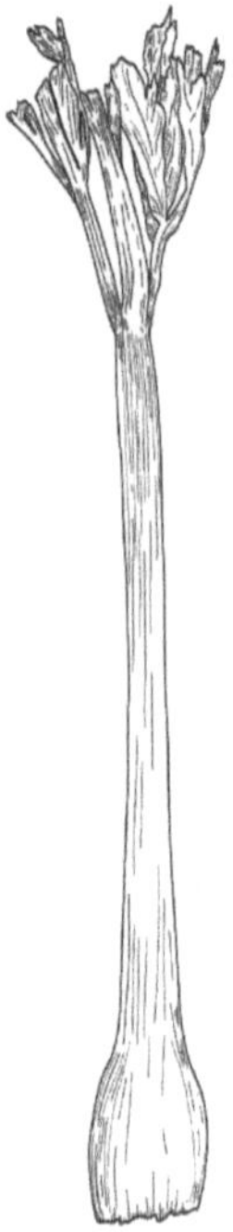

Trota salmonata al cartoccio (Lachsforelle in der Folie)

Zutaten

4 Lachsforellen
Olivenöl Extra Vergine
(wenn möglich vom Gardasee)
eine kleine Tasse Weißwein
500 g Kirschtomaten
4 getrocknete oder 2 frische Lorbeerblätter
2 unbehandelte Zitronen (nach Möglichkeit vom Gardasee)
Rosmarin, Schnittlauch, Petersilie
Salz und Pfeffer

Zunächst die Forellen säubern. Mit einer Schere einen Schnitt vom Bauch bis unter den Kopf vornehmen und die Innereien des Fisches entfernen. Gründlich unter fließendem Wasser abspülen, damit alle Blutspuren beseitigt werden, und anschließend trocken tupfen. Ein Dressing aus Salz, Pfeffer, Olivenöl und Weißwein zubereiten. Den Backofen auf 180 °C vorheizen. Jede Forelle auf ein Blatt Alufolie legen und eine Zitronenscheibe, die Lorbeerblätter sowie etwas Salz in die Bauchöffnung stecken. Die Kirschtomaten waschen, halbieren und entkernen. Schnittlauch, Petersilie und Rosmarin zerkleinern. Die halbierten Kirschtomaten mit einem Löffel gehackter Kräuter vermengen und um die Forellen legen. Mit dem Dressing beträufeln. Anschließend die Folien mit Küchengarn zusammenbinden. Etwa 30 Minuten im Ofen garen.

Die Forellen in Filets schneiden. Einige Kirschtomaten in die Mitte jedes Tellers legen, die Forellenfilets darauf platzieren und mit gehackten Kräutern, einer dünnen Zitronenscheibe und ein paar Tropfen Öl garnieren.

Risotto con noci e crema di zucca (Kürbisrisotto mit Walnüssen)

Zutaten

300 g Carnaroli- oder Arborio-Reis
50 g gehacktes Gemüse
(Karotte, Schalotte, Sellerie)
4 EL Olivenöl Extra Vergine
1 kleines Glas trockener Weißwein
½ Liter Gemüsebrühe
80 g Walnusskerne
50 g Butter
Parmesan
250 g Kürbisfleisch (wenn möglich: Typ Chioggia marina mit grüner Schale)
10 frische Salbeiblätter
Salz und Pfeffer
zum Anrichten: Salbeiblätter, Parmesanchips

Das Kürbisfleisch in kleine Würfel schneiden. Mit zwei Esslöffeln Butter und zwei Salbeiblättern in einen Schmortopf geben, salzen, pfeffern und ungefähr 20 Minuten weich kochen. Dann Salbei entfernen und etwa 80 g beiseitestellen. Das restliche Kürbisfleisch mit einigen Esslöffeln Brühe pürieren, einen Esslöffel Parmesan und etwas gehackten Salbei hinzufügen. Das Ganze zur Seite stellen und warm halten. Die verbleibenden Salbeiblätter fein und die Walnusskerne grob hacken. In einer Kasserolle Öl und ein Stück Butter erhitzen, das gehackte Gemüse darin anbraten, Reis dazugeben und anrösten, dann mit Weißwein ablöschen und weiter garen lassen, dabei nach und nach die heiße Gemüsebrühe hineingießen. Nach 10 Minuten die beiseitegestellten Kürbiswürfel und etwas gehackten Salbei hinzufügen. Weiter garen, bis die Reiskörner bissfest sind. Den Herd ausschalten und Butter, Parmesan, Walnüsse sowie den restlichen Salbei einrühren.

Auf jeden Teller zwei oder drei Löffel warmes Kürbispüree geben, sodass ein «Spiegel» entsteht, auf den das Risotto gesetzt wird, und das Ganze mit einem Salbeiblatt sowie einem Parmesanchip garnieren.

Sarde in saor
(Marinierte Sardinen)

Zutaten

500 g frische Sardinen
500 g weiße Zwiebeln
2 Gläser Weißweinessig
2 EL eingeweichte Rosinen
2 EL Pinienkerne
Mehl (nach Bedarf)
Salz, Öl zum Frittieren
Nelken, Lorbeerblätter, geriebene Zitronenschale (wahlweise)

Die Sardinen säubern, Kopf und Innereien entfernen, abspülen und trocknen. Dann in Mehl wälzen und in reichlich Öl frittieren. Die Zwiebeln schälen, waschen und in feine Ringe schneiden. In demselben Öl wie die Sardinen braten. Nach etwa zehn Minuten Essig hinzufügen, mit Salz würzen und einige Minuten ziehen lassen. In einer Schüssel abwechselnd Sardinen und Zwiebeln schichten. Mindestens ein paar Tage an einem kühlen Ort ruhen lassen. In der älteren Version des Rezepts werden den Zwiebeln Rosinen, Pinienkerne, Lorbeerblätter, Nelken und Zitronenschale untergemischt.

Zuppa di pesce Serenissima (Venezianische Fischsuppe)

Zutaten

1 kg gemischter Fisch (Drachenkopf, Seeteufel, Knurrhahn, Dornhai – je nach Saison)
2 Gläser trockener Weißwein
1 Selleriestange
1 Karotte
1 Tomate
2 Zwiebeln
1 Knoblauchzehe
50 g Butter
50 ml Olivenöl Extra Vergine
30 g gehackte Petersilie
150 g Tomatensauce
Chilipulver
Salz und Pfeffer

Den Fisch putzen, waschen und in mittelgroße Stücke schneiden. Etwa drei Liter Salzwasser mit dem Gemüse zum Kochen bringen, dann den Fisch hinzufügen. Die Hitze reduzieren und etwa 15 Minuten köcheln lassen. Den Fisch herausnehmen und Haut sowie Gräten entfernen. Die kochende Brühe abseihen und beiseitestellen. In einer Pfanne mit

Butter und Öl die zweite, fein gehackte Zwiebel anbraten. Danach die Tomatensauce auf den zuvor gekochten, enthäuteten sowie entgräteten Fisch geben und mit Salz und Pfeffer würzen. Den abgeseihten Fischfond und die Chilischote dazugeben und kurz ziehen lassen. Die Suppe mit gehackter Petersilie bestreuen und mit gegrillten Polentascheiben oder Toastbrotscheiben, die mit etwas Öl und einer Knoblauchzehe eingepinselt werden, servieren.

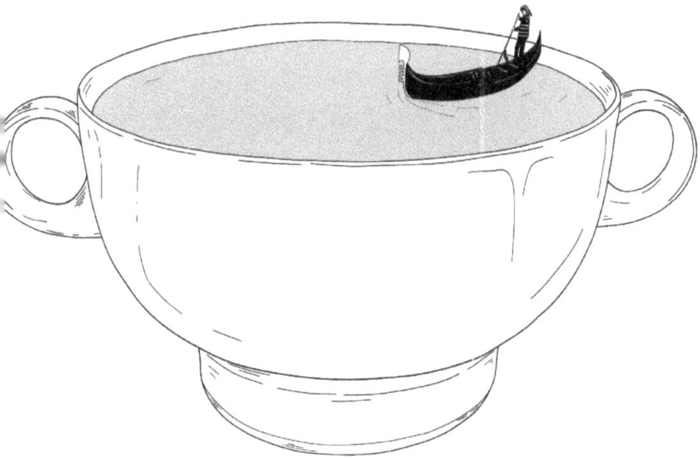

Strudel di mele (Apfelstrudel)

Es gibt viele Strudelvarianten, je nach Teig (glatt, mit Ricotta, Hefe- oder Mürbeteig) und Füllung (Apfel, Birne, Trockenfrüchte, Aprikose, Ricotta, Mandel, Mohn). Am bekanntesten ist seine süße Version, doch auch herzhafte Zubereitungen mit Steinpilzen oder mit Kartoffeln, Schinken und Zucchini oder mit Wirsing sind vorzüglich. Der Begriff «Strudel» ist wörtlich zu verstehen: Der Teig des berühmten Gebäcks wird vor dem Backen um sich selbst gerollt. Die Ursprünge des Strudels liegen wohl in den Konditoreien des Osmanischen Reiches: Offenbar ist er eine Variante von Baklava, des köstlichen orientalischen Gebäcks.

Zutaten

Für den Strudelteig:

150 g Mehl Typ 00

20 g zerlassene Butter

80 ml lauwarmes Wasser

eine Prise Salz

Für die Füllung:

2 kg Renette-Äpfel oder Rote Boskoop
30 g in Wasser oder Rum eingeweichte Sultaninen
1 TL Zimt
abgeriebene Schale einer halben unbehandelten Zitrone
2 EL Rohrzucker
50 g Pinienkerne (nach Belieben)
4 EL Paniermehl
60 g zerlassene Butter, Puderzucker

Das Mehl auf die Arbeitsfläche sieben und dabei in der Mitte ein Loch bilden, in das die zerlassene Butter und das leicht gesalzene warme Wasser gegossen werden. Das gesamte Mehl mit einer Gabel zusammenführen und mit den Händen kneten, bis ein weicher, elastischer Teig entsteht. Den Teig zu einer Kugel formen und etwa eine Stunde in einen tiefen Teller legen, der mit einem zuvor erwärmten Topf bedeckt wird. Die Äpfel schälen, in dünne Scheiben schneiden, Rohrzucker, Zitronenschale, Zimt, Sultaninen und eventuell Pinienkerne dazugeben und durchziehen lassen.

In der Zwischenzeit mit der heikelsten Arbeit beginnen: dem Ausziehen des Teigs. Hierfür ein größeres Geschirrtuch nehmen, es bemehlen, den Teig darauflegen und diesen ein wenig flach drücken. Anschließend zunächst mit den Fingerkuppen und dann mit dem Handrücken vorsichtig auseinanderziehen. Den Teig immer weiter ausbreiten und versuchen, ihm eine gleichmäßige Form zu geben (rund oder rechteckig). Danach den mittleren Teil vorsichtig ausbreiten, indem man die Hände unter den Teig legt und ihn abwechselnd mit dem Handrücken und den Fingerkuppen nach außen zieht, bis er hauchdünn geworden ist. Das ist ein Vorgang, der Geschicklichkeit erfordert. Der Strudelteig sollte die Dicke eines Zeitungsblatts haben! Dann mit etwas zerlassener Butter bestreichen und die Apfelfüllung sowie ein wenig Paniermehl darauf verteilen. Das Geschirrtuch zum Aufrollen des Teiges um sich selbst wickeln, hochheben und den Strudel auf ein gebuttertes Backblech gleiten lassen. Mit reichlich zerlassener Butter bestreichen und im vorgeheizten Backofen bei 180 °C etwa 40 Minuten backen.

Nach dem Backen mit Puderzucker bestreuen. Vorzugsweise lauwarm genießen, wahlweise mit Schlagsahne.

Torta di pane o Nicolotta (Venezianischer Brotkuchen)

Dieser Brotkuchen wird für das Fest von San Nicolò im venezianischen Nicolotti-Viertel zubereitet.

Zutaten

150 g Rosinen
100 ml Rum
1 Vanilleschote
1 l Milch
100 g Butter
200 g Zucker
5 Eier
200 g altbackenes Weißbrot
(mindestens 3 oder 4 Tage alt)
abgeriebene Schale einer unbehandelten Zitrone
3 EL Semmelbrösel

Die Rosinen in einem halben Glas Rum einweichen. Milch aufkochen, Butter und Zucker darin auflösen und mit Zimt würzen. Das Ganze über das in kleine Stücke geschnittene trockene Brot gießen. Sobald das Brot die Flüssigkeit aufgesogen hat, durch ein Sieb streichen, um eine gleichmäßige Creme zu erhalten. Die Eier aufschlagen und zusammen mit den Rosinen und der Zitronenschale in die Mischung mit der Milch geben. Umrühren und die Masse in eine gebutterte und mit Semmelbröseln bestreute Kuchenform füllen. Bei 160 °C etwa eine Stunde backen. Den Kuchen vorzugsweise lauwarm oder kalt servieren.

Erster Gang: Bologna

In Venedig geht Goethe an Bord eines *Kurierschiffes* und erreicht *nach längerer Fahrt* am 18. Oktober 1786 Bologna. In Bologna hält er sich lediglich drei Tage auf: Am 21. Oktober gelingt es ihm, seine Abreise nach Rom vorzuverlegen, indem er den Apennin über den Futa-Pass überquert. Goethe hätte Bologna als Etappe gern ausgelassen, doch die Stadt ist eine obligatorische Durchgangsstation für Reisende aus dem Norden auf ihrem Weg in die mittel- und süditalienischen Regionen.

Der *Zwischenhalt* in Bologna ist notwendig, bevor mit der Überquerung des zweiten Gebirgszuges, des Apennins, der zweitschwerste Abschnitt der *Grand Tour* in Angriff genommen wird. Obwohl er es kaum erwarten kann, wieder abzureisen, muss Goethe sich eingestehen, dass man auch in Bologna länger verweilen sollte.

Die Universität, der Bologna den Beinamen als *gelehrte* und *üppige* Stadt verdankt, beeindruckt ihn nicht weiter. Goethe weiß, dass er in einer *alten, ehrwürdigen* und *gelehrten Stadt* angekommen ist, doch seine Haltung offenbart eine gewisse nordische Überlegenheit, wie sie für einige ausländische Italienreisende im 18. Jahrhundert typisch ist. Als

Goethe die *Alma Mater Studiorum* besucht, genießt die Universität, die vor allem für ihre juristische Fakultät berühmt ist, nicht mehr den Ruf, der sie einst in Wettstreit mit der wiederum für ihre theologische Fakultät bekannte Pariser Universität treten ließ. Während des Mittelalters hatten viele Studenten die Pariser Universität verlassen, um sich dem lukrativeren Studium der Rechtswissenschaft zuzuwenden: Sie zogen nach Bologna, sehr zum Leidwesen einiger französischer Kleriker, die der Stadt verächtlich den Beinamen die *«Üppige»* verpassten, weil sie immer mehr Studenten anlockte. Die Dissonanzen zwischen den beiden Universitäten rührten daher, dass Paris immer «schlanker» wurde – und somit an Prestige, Bedeutung, Reichtum und Studierende einbüßte –, während Bologna immer mehr «Fett ansetzte», mit anderen Worten, üppiger und bedeutsamer wurde, mit einer stetig wachsenden Zahl von Studenten und Professoren. Die immer größer werdende Studentenschaft zwang die städtischen Behörden dazu, Unterkünfte und Verpflegungsmöglichkeiten zur Verfügung zu stellen und Aktivitäten zu fördern, die den Aufenthalt angenehmer und einladender gestalten sollten. Dank der sehr zentralen Lage wurde Bologna zu einem Knotenpunkt des Wirtschafts- und Lebensmittelhandels sowie zu einem Leuchtturm der Kultur und des akademischen Wissens.

Auf den Märkten von Bologna werden, neben den Früchten aus den fruchtbaren und üppigen Ebenen sowie des Apennins, zahlreiche Produkte aus anderen Gebieten der Halbinsel gehandelt. Ein Beleg für diese große Auswahl an Lebensmitteln ist auch das *Gioco di Cuccagna* («Schlaraffenland-Spiel») des Bologneser Kupferstechers Giuseppe Maria Mitelli, der als der größte Brettspiele-Entwickler im Bologna des späten 17. Jahrhunderts gilt. Es handelt sich dabei um eine Art Gänsespiel in einer gastronomischen Version, bei der die Felder für die Spezialitäten verschiedener italienischer Städte stehen: *Käse* aus Piacenza, *Barsch* aus Verona, *Nougat* aus Cremona, *Forelle* aus Mantua, *Pinienkerne* aus Ravenna, *Brokkoli* aus Neapel, *Muskateller* aus Venedig und *Salsiccia* aus Modena. Das wichtigste Feld, das man als Erster erreichen muss, um zu gewinnen, ist die Mortadella aus Bologna.

Als Beweis für die Vitalität der Stadt dient hingegen ein anderes Spiel von Mitelli, das 1712 gedruckt wurde und die Osterien Bolognas zum Gegenstand hat: Das Spielbrett besteht aus 59 Feldern, von denen jedes einer anderen Gastwirtschaft zugeordnet ist, unter Angabe des jeweiligen Standorts, Schilds und der Spezialitäten. Wenn man folglich *Frösche* probieren möchte, geht man in die Osteria *La Sirena*; im *Leon d'Oro*, so heißt es, schmecke alles gut; im *Croce di Malta* gibt es gutes frittiertes Essen; im

Fortuna kann man leckeren Spargel kosten. Spiele wie dieses zeugen von dem gastronomischen Reichtum, den die Stadt in jenen Jahren bot.

Johann Caspar Goethe macht 1740 ebenfalls Zwischenstation in Bologna, und er hält die Stadt für einen Ort der vielen *Privilegien*: *Seit zwei Tagen kann ich nun die üppigen Wonnen Bolognas genießen.* Ihm ist bewusst, dass er in einer freien, gelehrten, reichen und folglich *üppigen* Stadt eingetroffen ist. Er bewundert die Paläste, die Ordnung, die Straßen mit ihren majestätischen Säulengängen und die rege Handelstätigkeit im Agrar- und Lebensmittelsektor. Die Produkte stammen aus der fruchtbaren Landschaft sowie den zahlreichen Viehzuchtbetrieben und werden häufig für die Herstellung typischer Erzeugnisse verwendet: Schinken und Salsiccia (mit und ohne Knoblauch) gehören zu den meistexportierten Waren. Caspar stellt darüber hinaus fest, dass die Bologneser Ausländer mit besonderer Herzlichkeit behandeln, sie mit großer Fürsorge aufnehmen und ihre unterschiedlichen Essgewohnheiten respektieren:

Bologna trägt den Beinamen die ‹Üppige› zu Recht, weil man dort bei Tisch in der Tat gemästet wird. So gab es in meinem Gasthaus zwei verschiedene Tafeln; die Speisen der einen waren nach französischer oder italienischer Art, die der anderen nach deutscher Art zubereitet. Die Deutschen mögen nämlich nur selten Zwiebeln, Knoblauch und Ähnliches, während diese Dinge im Essen der anderen nicht fehlen dürfen. Dort kann sich jeder das aussuchen, was ihm gerade am meisten zusagt.

Es ist nicht verwunderlich, dass der Gastwirt es versteht, den Gaumen seiner *alemannischen* Gäste zu erfreuen, da Bologna seit der Antike politisch und sozioökonomisch mit der germanischen Kultur verbunden ist. Der deutsche Gelehrte Hartmann Schedel, der die Stadt Ende des 15. Jahrhunderts besucht, merkt an, dass Bologna *üppig und reich* sei, *weil die Stadt reichlich Weizen, Wein und was man sonst zum Leben braucht, produziert.*

An der Stelle sei auch erwähnt, was Friedrich Barbarossa berichtete, als er 1155 in Bologna Station machte: *Hier findet man eine große Fülle an Produkten, hier sind die Einwohner gastfreundlich, hier stehen prächtige Gebäude, hier gibt es alles, was dem Studium und dem Leben zuträglich sein kann.* Von der etruskischen Felsina über die römische Bononia bis hin zur blühenden mittelalterlichen Kommune präsentiert sich Bologna als eine Stadt, die Körper und Geist nährt: Nur wenn sie *üppig* ist, kann sie auch *gelehrt* sein – und umgekehrt!

Wo Johann Caspar während seines Aufenthalts in Bologna logierte, ist nicht zweifelsfrei überliefert. Aufgrund der beiden Alternativen, die Auswärtigen geboten wurden, könnte es die alte *Osteria del Pellegrino* gewesen sein, die in Mitellis Spiel für ihre *guten Torten* (Tortelli und gefüllte Nudeln) berühmt ist und als schönes Gebäude *mit allen Annehmlichkeiten* beschrieben wird, einschließlich einer abwechslungsreichen und schmackhaften Küche, die jedem Gaumen gerecht wird.

Johann Wolfgang hingegen zieht es vor, sich am Stadtrand einzuquartieren, an der Straße, die zum toskanischen Futa-Pass führt. Es dürfte sich vermutlich um die Poststation *Osteria dello Sterlino* handeln, die bereits im 17. Jahrhundert dokumentiert ist. Der Dichter macht keinerlei Angaben zu seinen Eindrücken von der Bologneser Gastronomie, sondern merkt an: *Nach Tische etwas milder und weniger anmaßlich gestimmt als heute früh, bemerkte ich Folgendes in meine Schreibtafel.* Die Tatsache, dass er die lokale Küche nicht kritisiert, kann indirekt als Zeichen der Wertschätzung und des Lobes gedeutet werden für die Leckerbissen der *üppigen* Stadt, die dafür sorgen, dass seine innere Unruhe auf wundersame Weise besänftigt wird: Bologneser Köstlichkeiten sind unverzichtbar, um die Anstrengungen bei der Überquerung des Apenninpasses und der Reise nach Rom zu erdulden. Wo sich einerseits die lobenden Worte über die Landschaft und die Feldfrüchte nahtlos aneinanderreihen – der Apennin ist ein *merkwürdiges Stück Welt*, um Florenz an den Bergen *ist alles mit Ölbäumen und Weinstöcken bepflanzt*, in Arezzo tut sich eine *herrliche Ebene* auf, in der *Weizen recht schön gedeiht* und *sie Bohnen bauen* –, so lassen andererseits die Beschreibungen der Unterkünfte und des Essens auf dem Weg nach Rom etwas ganz anderes vermuten. Die entgeltliche öffentliche Bewirtung ist in der Tat sehr vielfältig, sodass Poststationen regelrechte Oasen sein können, in denen man sich von den Strapazen und Unannehmlichkeiten der Reise erholt, doch sie erweisen sich mitunter auch als wahre Folterstätten.

Für das Essensangebot gelten ebenfalls sehr unterschiedliche Regeln: Bisweilen werden nur einfache Speisen angeboten, weil die lokalen Produkte nur begrenzt verfügbar sind oder die Kochkunst der Gastwirte zu wünschen übrig lässt. Mit Sicherheit ist das gastronomische Angebot im Stadtzentrum von Bologna weitaus reichhaltiger als in den Poststationen, die an den Verbindungsstraßen verstreut sind. Die Stadt hinter sich lassend, sammelt Goethe ausschließlich negative Erfahrungen: Von einem *elenden Wirtshause* geht es weiter in eine *Spelunke,* gefolgt von *Herbergen, die so schlecht* sind, dass es unmöglich ist, seine Gedanken zu ordnen. Das obligatorische Teilen der angebotenen Speisen, die Präsenz eines einzigen langen Tisches, das Fehlen von Licht im Raum sowie das Stimmengewirr des Pöbels erinnern uns daran, dass die Osteria das

Gegenstück zu einem Speisesaal mit feinen Umgangsformen und gehaltvollen Gesprächen in der Kunst der Geselligkeit und Gastfreundschaft darstellen kann. Von einem erholsamen Zufluchtsort verwandelt sie sich in einen höllischen Verschlag: Doch was tut man nicht alles, um seinen Lebenstraum verwirklicht zu sehen!

Jetzt fühl' ich wohl die Verwegenheit, unvorbereitet und unbegleitet in dieses Land zu gehen. Mit dem verschiedenen Gelde, den Vetturinen, den Preisen, den schlechten Wirtshäusern ist es eine tagtägliche Not, dass einer, der zum ersten Male wie ich allein geht [...], *sich unglücklich genug fühlen müsste. Ich habe nichts gewollt, als das Land sehen, auf welche Kosten es sei,* [...] *so will ich mich nicht beklagen.*

In Anbetracht dieser Überlegungen glaube ich gern, dass Caspar und Wolfgang das Beste gekostet haben, was die *üppige* und *gelehrte* Stadt zu bieten hatte, und ich bin davon überzeugt, dass die beiden Reisenden mit Freude die Möglichkeiten des lokalen Gaumenschmauses erkundet haben. Die Liste der gastronomischen Eindrücke wäre lang, denn, wie Pellegrino Artusi in seinem Rezeptbuch zu Recht festhielt: *Wenn man von der Bologneser Küche spricht, sollte man ihr seine Ehrerbietung erweisen, denn sie verdient es.*

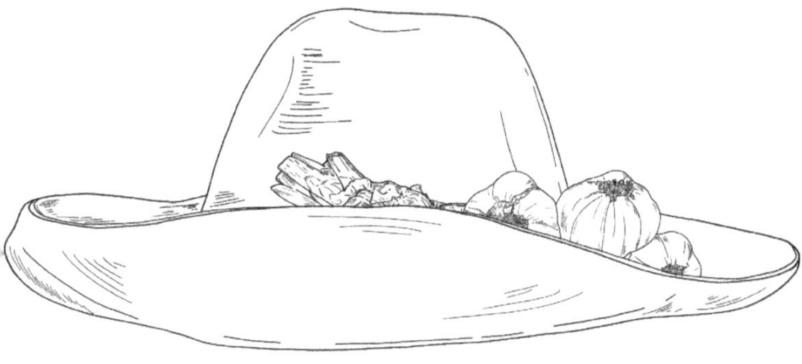

Spuma di mortadella (Mortadella-Mousse)

Die Mortadella, die in der ganzen Welt mit dem Zusatz *di Bologna* bekannt ist, gehört heutzutage zu den weniger hochpreisigen und erlesenen Wurstwaren im Vergleich zu ihren edleren «Artgenossen» (Parmaschinken, Culatello oder gekochter Schinken). Das erste Rezept für Mortadella stammt aus dem Jahr 1644: Der Agronom Vincenzo Tanara listet das Verhältnis von magerem Fleisch, Fett und Gewürzen (Zimt, Gewürznelken, Muskatnuss, Pfefferkörner, Salz, Zucker und Käse) auf.

Gerade aufgrund der Vielzahl dieser Gewürze war die Mortadella sehr teuer und galt bis zum Ende des 16. Jahrhunderts als kostbares Lebensmittel.

Zutaten

400 g Mortadella
100 ml frische Sahne
100 g Ricotta aus Kuhmilch
50 g geriebener Parmesankäse

Die Mortadella fein hacken und den Parmesan hinzufügen. Sahne aufschlagen und mit dem gesiebten Ricotta vermischen. Dann die Mortadella-

Mischung dazugeben und gut vermengen. Im Kühlschrank einige Stunden kühlen.

Die Mortadella-Mousse auf Crostini oder zusammen mit Bologneser Crescentine servieren.

Tagliatelle al ragù (Tagliatelle mit Bolognese-Sauce)

Bologna ist die unbestrittene Hauptstadt der frischen Eiernudeln. Um die richtige Stärke des ausgerollten Teigs zu erhalten, ist ein besonderer Test erforderlich: Nur wer eine Küche mit Blick auf den Colle della Guardia hat, den berühmtesten Hügel der Stadt, auf dem die Wallfahrtskirche Madonna di San Luca steht, kann ihn herstellen. Gemäß der Tradition muss der ausgerollte Teig so dünn sein, dass, wenn man ihn hochhebt und vor das Fenster mit Blick auf den Hügel hält, die Umrisse der Wallfahrtskirche zu erkennen sein sollten.

Am 16. April 1972 ließen die Confraternita del tortellino («Bruderschaft des Tortellino») und die Bologneser Delegation der Accademia Italiana della Cucina («Italienische Akademie der Kulinarik») das Rezept und die Maße der echten Bologneser Tagliatella, das sogenannte *goldene Maß*, bei der Handelskammer von Bologna hinterlegen. Die gekochte Tagliatella ist 8 Millimeter breit und entspricht dem 12.270sten Teil der Torre degli Asinelli, des mittelalterlichen Wahrzeichens von Bologna.

Zutaten

Für den Teig:

300 g Mehl Typ 00
100 g Hartweizengrieß
4 Eier
ein wenig Muskatnuss
Salz

Für die klassische Fleischsauce nach Bologneser Art:
(Rezeptur, die die Bologneser Delegation der Accademia Italiana della Cucina am 20. April 2023 bei der Handelskammer von Bologna notariell eintragen ließ)
400 g grob gehacktes Rindfleisch
150 g frischer italienischer Schweinebauchspeck, in Scheiben geschnitten (Pancetta)
je 60 g Karotte, Staudensellerie und Zwiebel
200 g passierte Tomaten
1/2 Glas Rot- oder Weißwein
1 EL Tomatenmark
1 Glas Vollmilch (optional)
etwas Fleisch- oder Gemüsebrühe (Würfel erlaubt)
3 EL Olivenöl Extra Vergine
Salz und Pfeffer

Die Pancetta fein hacken und zusammen mit dem gehackten Gemüse in einer Pfanne mit etwas Öl andünsten. Das Rindfleisch dazugeben, umrühren, anbraten und mit dem Wein ablöschen. Sobald der

Wein verdampft ist, die passierten Tomaten und Tomatenmark dazugeben und zugedeckt etwa zwei Stunden langsam köcheln lassen, gegebenenfalls mit Brühe aufgießen. Am Ende der Kochzeit Pfeffer und Salz hinzufügen.

In der Zwischenzeit die Nudeln zubereiten. Hierfür die beiden Mehlsorten mischen und brunnenförmig auf ein Nudelbrett streuen. In die Mitte die Eier, eine Prise Salz und Muskatnuss geben. Die Zutaten mit einer Gabel vermischen und dabei das Mehl nach und nach mit kreisenden Bewegungen von den Seiten unterheben. Das Prozedere mit den Händen fortführen, bis das Mehl vollständig aufgenommen ist. Kräftig kneten, bis ein fester, aber elastischer Teig entsteht.

Mindestens eine Stunde an einem kühlen Ort ruhen lassen. Den Teig anschließend, entsprechend der Tradition, mit einem Nudelholz oder alternativ mithilfe einer Nudelmaschine ausrollen. In beiden Fällen kann sich das Ergebnis sehen lassen. Man erhält lange Streifen, die man ein wenig trocknen lässt, bevor man sie schneidet.

Die Tagliatelle in einem Topf mit reichlich Salzwasser kochen. Sobald diese an die Oberfläche steigen, abgießen und in eine Pfanne geben, in der einige Kellen Fleischsauce erwärmt wurden. Umrühren, abschmecken und mit reichlich Fleischsauce und geriebenem Parmesan servieren.

Tortellini in brodo (Tortellini in der Brühe)

Tortellini sind das Aushängeschild, quasi der König, der gefüllten italienischen Pasta-Familie. Die *Torten,* wie sie ursprünglich genannt wurden, haben sich im Laufe der Jahrhunderte fantasievoll weiterentwickelt und köstliche Variationen mit angenehmen Überraschungen hervorgebracht. Gefüllt mit Fleisch, Gemüse oder Käse, sind sie in verschiedenen Formen und mit unterschiedlichen Namen auf jeder regionalen Speisekarte des *Bel Paese* anzutreffen.

Im 19. Jahrhundert widmet der aus Bologna stammende Giuseppe Ceri dem Tortellino ein nettes kleines Gedicht, *L'Ombelico di Venere* («Der Venusnabel»), in dem er dessen legendären Ursprung enthüllt. Dem Gedicht zufolge steigen eines Abends die drei römischen Gottheiten Bacchus, Mars und Venus auf die Erde herab, um der Bevölkerung Modenas zu helfen, die Einwohner von Bologna ein für alle Mal zu besiegen und damit die Kriege zwischen den beiden in der Po-Ebene gelegenen Städten zu beenden. Auf dem Weg dorthin machen sie in einem Gasthaus Rast. Der neugierige Wirt kann der Versuchung nicht widerstehen, sie durch das Schlüsselloch zu beobachten, und ist von dem wundervollen Nabel der Göttin so verzaubert, dass er beschließt, in die Küche zurückzukehren und sich ein Gericht auszudenken, das dessen Schönheit nachzuempfinden vermag: Der Tortellino ist geboren. Doch auch Giovanni Boccaccio berichtet in seinem *Dekameron,* dass im Schlaraffenland *Menschen ständen, die nichts anderes machten als Makkaroni und Eierklöße, die sie in Kapaunenbrühe kochten*. In der Tat vollzieht sich der sogenannte *Tod* des Tortellinos just in der Kapaunenbrühe.

Zutaten

Für den Teig:

Die Anweisungen für die Zubereitung des Tagliatelle-Teigs befolgen – mit der einzigen Ausnahme, dass nur eine Mehlsorte verwendet wird, und zwar 400 g Mehl Typ 00.

Für die Füllung:

200 g Schweinelende
200 g Mortadella
200 g roher Schinken
150 g geriebener, sehr lang gereifter Parmesankäse
1 Ei
20 g Rindermark (wahlweise)
geriebene Muskatnuss
Salz

Für die Fleischbrühe (Empfehlung: Die Brühe am Vortag zubereiten, vorzugsweise aus Kapaun, da Tortellini traditionell in Kapaunenbrühe gekocht werden):

1 halber Kapaun (ca. 800–1000 g)

Alternativ: eine Brühe aus gemischtem Fleisch

500 g Rindfleisch (Rinderbrust, Rumpsteak, Hinterhaxe)

300 g Hühnerfleisch

3 Liter Wasser

1 Selleriestange, 1 Karotte, 1 Zwiebel,

1 großes Bund Petersilie, 1 Tomate

grobes Salz, Pfefferkörner

2 Lorbeerblätter (wahlweise)

Zunächst wird die Brühe zubereitet, was etwa drei Stunden in Anspruch nimmt. Hierfür die verschiedenen Fleischsorten in einen großen Topf geben, mit kaltem Wasser bedecken und zum Kochen bringen; anschließend das grob geschnittene Gemüse, die Kräuter und eventuell die Lorbeerblätter hinzufügen. Auf kleiner Flamme und bei halb zugedecktem Topf köcheln lassen; von Zeit zu Zeit mit einer Schaumkelle den dunklen Schaum und andere aufsteigende Rückstände entfernen. Mindestens drei Stunden weiter köcheln lassen, dabei mit Salz und Pfefferkörnern nachwürzen. Nach Ablauf der Zeit das Fleisch und das Gemüse herausnehmen und die Brühe durch ein Sieb gießen. Abkühlen lassen, bis das Fett an der Oberfläche eingedickt ist; danach das Fett abschöpfen, um eine flüssigere Brühe zu erhalten.

Für die Füllung die gewürfelte Schweinelende in Butter anbraten und zusammen mit der Mortadella und dem Schinken zweimal durch den Fleischwolf drehen (feine Scheibe). Das Ei, den geriebenen Parmesan und die Muskatnuss hinzufügen. Alles miteinander vermischen und zum Schluss mit Salz und Pfeffer abschmecken. Mindestens eine Stunde an einem kühlen Ort ruhen lassen.

Den Teig auf einem Nudelbrett sehr dünn ausrollen und, ohne ihn austrocknen zu lassen, in etwa 2,5 cm große Quadrate ausschneiden. Je nachdem, wie man die Ränder bevorzugt (glatt oder gezackt), mit einem Messer oder der sogenannten «Speronella», einem Teigrädchen, den Teig in die gewünschte Form schneiden. Etwas von der Füllung auf jedes Quadrat geben und es in der Mitte so falten, dass ein Dreieck entsteht. Die Ränder mit den Fingern fest andrücken, sodass sie perfekt verschlossen sind und während des Kochens nicht aufreißen können. Die obere Ecke des Dreiecks leicht umklappen und die Tortellini zu einem Ring schließen, indem man sie um den kleinen Finger wickelt, anschließend die beiden äußeren Ecken überlappen und mit den Fingern fest andrücken. Die Tortellini auf mit Mehl bestäubten Tüchern trocknen lassen.

Nun die Tortellini in die Fleischbrühe geben und bei geringer Hitze köcheln lassen. Sobald sie fertig sind, den Herd ausschalten und vor dem Servieren einige Minuten ruhen lassen. Nicht vergessen: Die Tortellini sollten vom Herd genommen werden, wenn sie noch bissfest sind, da sie in der heißen Brühe weiter garen.

Polpettone alla bolognese (Hackbraten nach Bologneser Art)

Zutaten

400 g Rinderhackfleisch
200 g fein gehackte Mortadella
1 Weißbrötchen vom Vortag, in Wasser eingeweicht
60 g geriebener Parmesan
2 Eier
40 g Butter
100 ml Olivenöl Extra Vergine
2 Gläser trockener Weißwein
80 ml flüssige Sahne
100 ml Gemüsebrühe (falls erforderlich)
80 g Mehl
Salz, Pfeffer, Muskatnuss

Das Fleisch, die fein gehackte Mortadella, den Parmesan, das eingeweichte und ausgedrückte Brot, Eier, Salz, Pfeffer sowie die Muskatnuss mischen, sodass alle Zutaten gut miteinander vermengt sind, und daraus einen großen länglichen Hackbraten formen.

Anschließend den Hackbraten in Mehl wälzen und in heißem Öl und Butter in einer beschichteten

Pfanne goldbraun anbraten, dabei darauf achten, dass er nicht zerfällt. Den Weißwein hinzufügen und, sobald er verdunstet ist, die Sahne unterrühren. Bei mittlerer Hitze etwa dreißig Minuten weiter köcheln lassen, dabei den Hackbraten nach der Hälfte der Garzeit wenden und von Zeit zu Zeit Gemüsebrühe dazugießen. Mit dem Bratensaft servieren. Schmeckt auch kalt hervorragend.

Torta degli addobbi o di riso (Milchreiskuchen)

Der Kuchen wurde anlässlich eines Gemeindefestes (der *festa degli addobbi*) zubereitet, bei dem es üblich war, die Fenster mit bunten Tüchern zu schmücken, und er wurde traditionell Nachbarn und Freunden angeboten. Das Rezept ist von der Delegation der Accademia Italiana della Cucina aus Bentivoglio bei Bologna am 14. Dezember 2005 bei der Handelskammer hinterlegt worden.

Zutaten

1 l Milch
250 g Reis
80 g Zucker
Schale einer unbehandelten Zitrone
2 Eier
100 g geröstete Mandeln (fein gehackt)
2 TL Bittermandellikör
1 TL Zimt
50 g zerbröselte Amaretti-Kekse
Butter und Semmelbrösel für die Form
Kompott aus Vignola-Kirschen (nach Belieben)

Die Milch mit einer Prise Salz zum Kochen bringen, dann den Reis hineingeben, umrühren und den Garprozess beobachten: So lange garen, bis die Milch fast vollständig vom Reis aufgesogen wurde. Es ist wichtig, regelmäßig umzurühren, damit der Reis nicht am Topf haften bleibt. Herd ausschalten, den Zucker und die geriebene Zitronenschale hinzufügen und abkühlen lassen. Danach die restlichen Zutaten hinzugeben: Mandeln, Likör, Zimt, Eigelb und Amaretti-Kekse. Das Eiweiß steif schlagen und vorsichtig unterheben, damit es nicht zerfällt. Eine Kuchenform einfetten, mit Paniermehl bestreuen und die Masse einfüllen. Im vorgeheizten Backofen bei 160 °C etwa 30-40 Minuten backen.

Den Kuchen vorzugsweise warm servieren und mit einem Kompott aus Vignola-Kirschen garnieren.

Beilage: Rom

Am 29. Oktober 1786, nach etwa zweiwöchiger Reise, betritt Goethe Rom durch die imposante Porta del Popolo:

Endlich kann ich den Mund auftun und meine Freunde mit Frohsinn begrüßen. Verziehen sei mir das Geheimnis und die gleichsam unterirdische Reise hierher. Kaum wagte ich mir selbst zu sagen, wohin ich ging, selbst unterwegs fürchtete ich noch, und nur unter der Porta del Popolo war ich mir gewiss, Rom zu haben.

Diese Passage markiert nicht nur einen Zielpunkt, sondern auch einen Neuanfang, eine Zäsur zwischen Vergangenheit und Zukunft, den Beginn eines neuen Lebens, den Ausbruch aus dem Alltag. Rom ist quasi die Endstation einer Initiationsreise auf dem Weg zu einer spirituellen und künstlerischen Wiedergeburt, die unauslöschliche Spuren hinterlassen wird. Ein befreiender Moment, auf den man jahrelang gewartet hat und durch den sich die im verborgensten Winkel schlummernden Wünsche erfüllen: *Die Begierde, nach Rom zu kommen, war so groß* [...], *denn es geht, man darf wohl sagen, ein neues Leben an. Alle Träume meiner Jugend sehe ich nun lebendig.*

Die Piazza del Popolo kann mit einer großen städtischen Rezeption verglichen werden: Reisende kommen hier an, stellen ihr Gepäck ab, damit es zur Zollkontrolle gebracht wird, zeigen ihre Pässe vor und werden von Freunden in Empfang genommen. Von der Piazza gehen drei Hauptstraßen ab: links die Via del Babuino, über die man zur Spanischen Treppe gelangt; in der Mitte die Via del Corso, die in Richtung Forum Romanum verläuft; rechts die Via Ripetta, die wiederum zur Uferpromenade des Tibers führt, mit all ihren Gaststätten, Osterien und Fischerhäusern in der Nähe des Hafens von Ripetta. Goethe biegt in Letztere ein und verbringt seine erste römische Nacht in der *Locanda dell'Orso*.

Noch am selben Abend erhält er Besuch vom Maler Johann Heinrich Wilhelm Tischbein, der ihm anbietet, in dessen Wohnung auf der zentralen Via del Corso mit der Hausnummer 18 zu ziehen, die dieser sich mit zwei anderen deutschen Malern teilt. Die Eigentümer, die Eheleute Collina, stocken ihre Einkünfte mit der Untervermietung von Zimmern an Ausländer etwas auf. Frau Collina kümmert sich um die Reinigung der Zimmer, die Wäsche und die Zubereitung der Speisen. Das Willkommensessen besteht im Wesentlichen aus Zwiebeln, eine Zutat, auf die der Dichter gern verzichtet hätte: *Sie waren gestern untröstlich, als ich von der Zwiebel Suppe nicht aß.*

Die Unterkunft ist einfach, aber gemütlich eingerichtet: Nach den Unannehmlichkeiten und dem Gefühl der Einsamkeit, das ihn in den vorangegangenen Wochen der Reise geplagt hatte, ist er nun froh, eine Bleibe gefunden zu haben, die sowohl zentral gelegen als auch heimelig ist.

Zwischen Tischbein und Goethe entwickelt sich eine intensive Freundschaft. Tischbein kennt Rom sehr gut. Er führt Goethe in Künstlerkreise ein, wird sein Reisebegleiter und porträtiert ihn diverse Male während dessen Aufenthalt in der ewigen Stadt: Berühmtheit erlangt hat das Gemälde, auf dem der Dichter – in einen weißen Mantel gehüllt und einen breitkrempigen Hut auf dem Kopf tragend – inmitten der Ruinen römischer Altertümer gedankenverloren in der Landschaft eingebettet ist.

Goethe, *auf sein ganzes Leben beruhigt*, verspürt nun das Bedürfnis, sich mit der Weimarer Gesellschaft zu versöhnen, vor der er geflohen ist. Er entschuldigt sich bei Herzog Karl August und lässt durchblicken, dass sich sein Italienaufenthalt in die Länge ziehen könnte. Der Herzog zeigt sich verständnisvoll und versichert, ihm auch weiterhin das großzügige Gehalt zu zahlen, das er während der Ausübung seines Amtes in Weimar erhielt. Dies ermöglicht es Goethe, seine Zeit in Italien ohne finanzielle Sorgen zu genießen. Seinem Sekretär Philipp Seidel, der als Einziger im Vorfeld über sein

Italienprojekt und die Reisen auf der Halbinsel unterrichtet war, *und an den Freundeskreis in Weimar* übermittelt er die Adresse, an die die Korrespondenz für ihn zu richten ist: *Al Sgr. Tischbein, Pittore Tedesco, al Corso, incontro del Palazzo Rondanini. Roma* («An Herrn Tischbein, deutscher Maler, auf dem Corso, Sitzungszimmer des Palazzo Rondanini, Rom»). Er möchte nicht verraten, dass Johann Wolfgang Goethe sich dort aufhält. Ebenso wenig gibt er ihnen seinen Decknamen preis. Die Posse geht sogar noch weiter. Bei der Eintragung in das *Personenregister* macht er folgende allgemeine Angaben: Name, Filippo Möller; Alter, 32 (er zieht fünf Jahre ab); Beruf, Maler; Nationalität, Deutscher. Die vielen Gründe, wieso er es vorzieht, inkognito zu bleiben, wurden eingehend erörtert. Goethe möchte sich in Rom ausschließlich dem Kunststudium widmen und Maler werden. Sein *neues Leben* erfordert eine andere Identität, die es ihm erlaubt, sich den mondänen Einladungen der römischen Gesellschaft zu entziehen. In der Anonymität *der Hauptstadt der Welt* findet er endlich die nötige Konzentration und Gelassenheit wieder, um mit einer bis dahin nie gekannten Kreativität und Freiheit zu malen und zu schreiben.

Aus den Vermerken im Haushaltsbuch geht hervor, dass das Mittagessen gewöhnlich in der Pension in der Via del Corso eingenommen wird.

Trotz ihres schlichten Gemüts registriert Frau Collina, dass der *Signor Cavaliere* sich von den anderen Künstlern in ihrer Pension unterscheidet: Er zahlt pünktlich, hadert nicht mit den Rechnungen, die ihr Gatte ihm ausstellt, und er legt eine Haltung an den Tag, die nicht der eines mittellosen Malers entspricht. Sie wird diejenige sein, die Goethe in die nicht-städtische Tradition der römischen Volksküche einführt, deren Wurzeln auf das fruchtbare Land und die Hügel rund um die Stadt zurückreichen: eine Küche, die auf Saisonalität achtet und die ersten Früchte, neue Ernten sowie frisch geschlachtetes Fleisch schätzt; eine *gesunde, nahr- und schmackhafte* Küche, wie sie 1929 von Ada Boni in ihrem zeitlosen Buch *La cucina romana* definiert wurde.

Das goldene Zeitalter der römischen Volksküche umfasst das 18. und 19. Jahrhundert – eine Epoche, die auch mit dem Niedergang der weltlichen Macht der Kirche einhergeht. Die Essgewohnheiten des römischen Adels, unabhängig davon, ob säkularen oder kirchlichen Ursprungs, verändern sich, und die prächtigen sowie üppigen Tafeln der Renaissance weichen Einladungen von dezenter Schlichtheit. Die Tradition der römischen Küche lässt sich in zwei Kategorien unterteilen: das «fünfte Viertel» (d.h. Schlachtabfälle wie Leber, Kutteln, Zunge, Niere, Bries und Schwanz) und die römisch-jüdische Küche. Aus dem fünften Viertel stammen die beliebten Gerichte der Osterien und Gasthäuser der Hauptstadt: einfache und preiswerte Speisen.

Die Versorgung mit Fleisch für den Bedarf der römischen Bevölkerung ist eines der zentralen Anliegen des Kirchenstaates, da für all das Nutzvieh, das nach Rom importiert wird, an der Zollstelle Grascia die Gabelle (Abgabe) des Kauf- und Schlachtvertrags entrichtet werden muss. Der Zoll reglementiert das ganzjährige Angebot und die Verteilung des Fleisches, die Einrichtung eines einzigen Wochenmarktes, die Vorgabe eines einheitlichen Marktpreises – auch in den städtischen Zentren der Region, um Konkurrenz zu vermeiden – sowie das Verbot der unentgeltlichen Schlachtung. Der Markt findet im Campo Vaccino statt, einem Ort des Austauschs zwischen römischen Züchtern und Metzgern, von dem eines der bekanntesten Gerichte der römischen Küche und des fünften Viertels seinen Namen hat: Coda alla vaccinara.

Der Viehmarkt war vermutlich auch Goethe bekannt. Tischbein bildet die Schweineschlachtung ab, die im Winter jeden Freitag stattfindet – ein Spektakel, das Goethe als *sonderbar* beschreibt: *Neulich sahen wir, und ich kann wohl sagen, hörten wir 1000 Schweine in einem engen Bezirk abschlachten.* [...] *Die Schweine werden zu Hunderten zwischen Stangen eingesperrt; auf ein gegebenes Zeichen springen Kerls hinein zu den Tieren, ergreifen sie, rammeln sich mit ihnen herum und stoßen ihnen unter der einen Vorderpfote ein rundes Eisen in den Leib, das sie, weil es oben eine Art Hacken hat, mit der flachen Hand in der Wunde leiernd herumdrehen, bis das Tier tot ist. Das Lärmen der Menschen, das von dem Geschrei der Tiere überschrien wird, die Händel, die dabei vorfallen, der Anteil der Zuschauer und noch allerlei Detail machen dieses Amazzamento zum sonderbarsten Spektakel. Es geschieht auf diese Weise, weil hier alles Monopol ist, und die Regierung die Schweine aufkauft, schlachten lässt und dann an die Fleischer austeilt.*

In der Tradition der jüdischen Küche stechen hingegen die Artischocken hervor. Goethe stößt bei seinen morgendlichen Spaziergängen durch die Stadt immer wieder auf *Artischockenländer,* die zwischen den Überresten des alten Roms ungehindert gedeihen können. Der Dichter verspeist Artischocken erstmals in der Ewigen Stadt, und zwar zu der Jahreszeit, in der das vielseitige Gemüse besonders schmackhaft ist. Vielleicht ist es Frau Collina, die sie ihm zubereitet, womöglich kostet er sie aber auch in einer römischen Osteria. Nach seiner Rückkehr nach Deutschland sät er sie jedenfalls in seinem Garten aus und lässt sich sogar die Kopie eines Rezepts für ihre Zubereitung von der Universitätsbibliothek in Jena zuschicken. An Christiane Vulpius, seine Lebensgefährtin und spätere Frau, schreibt er 1814:

Die Artischocke:
Ein Liebchen ist der Zeitvertreib,
auf den ich jetzt mich spitze.
Sie hat einen gar so schlanken Leib
und trägt eine Stachelmütze.

Eine Skizze von Tischbein zeigt Herrn Collina auf der Straße auf dem Weg zum Markt in Begleitung eines kleinen Mädchens, das einen großen Weidenkorb in der Hand hält. Der Maler scheint erkannt zu haben, dass sich die Schönheit Roms nicht nur in Denkmälern, Museen und Kunstwerken manifestiert, sondern auch Ausdruck findet in einfachen Menschen und lokalen Märkten, die seit jeher das tägliche Leben in der Stadt prägen. Auf dem Markt erwirbt Herr Collina Ackerbohnen, Artischocken, Spargelchicorée, Brokkoli, saisonales Obst, Fleisch, Fisch und Käse – alles Zutaten, die in den Töpfen seiner Frau landen. Die Zwiebeln weichen einer Hülsenfrucht, die immer wieder das Interesse des Dichters auf sich zieht: Ackerbohnen, die zusammen mit Erbsen und Artischocken zu den drei wichtigsten Gemüsearten der römischen Küche gehören.

Die Hauptmahlzeit im Hause Collina ist das Mittagessen, das Goethe in der Regel gemeinsam mit den anderen drei Künstlern zu sich nimmt. Was kommt dabei auf den Tisch? Suppen aus Hülsenfrüchten, aber auch Fleisch, genauer gesagt, Rind- oder Kalbfleisch, begleitet von Gemüse der Saison, wie etwa Spargelchicorée, Fenchel oder Brokkoli. Gelegentlich werden auch Wachteln und Hühner, seltener Schweinefleisch serviert. Als letzten Gang wird reichlich saisonales Obst aufgetischt, das Goethe sehr schätzt. Das Abendessen fällt bescheidener aus, ist vorzugsweise kalt und besteht aus Schafskäse oder Ricotta, Sardinen sowie Salat. Nicht fehlen dürfen Rot- und Weißweine, am besten aus den nahe gelegenen Castelli Romani.

Bei der Wahl des Menüs gilt es, sich an die strikten Fasttage zu halten, die die kirchliche Norm speziell in der vorösterlichen Fastenzeit vorschreibt. Goethe gönnt sich jedoch auch Momente der Weltlichkeit. Es ist überliefert, dass er sonntags zu Mittag regelmäßig bei Angelika Kauffmann speist, einer Schweizer Porträtistin und Malerin historischer Gemälde, die einen der beliebtesten Kunstsalons der Stadt betreibt. Und nach dem Mittagessen? Vielleicht ein Spaziergang zum *Caffè Greco* in der Via Condotti, weniger, um sich einen Kaffee zu genehmigen – ein Getränk, das er eher mied –, als vielmehr, um ausländische Künstler und Literaten zu treffen, die in der vertrauensvollen Atmosphäre des 1762 eröffneten Cafés politisch-literarische Eindrücke austauschen und sich über Kunst unterhalten.

Seinen Freunden in Deutschland schickt Goethe nicht nur Kaffee, sondern auch Brokkolisamen für deren Gemüsegärten und legt ihnen nahe, mit diesem köstlichen Gemüse *einen guten Salat* zuzubereiten. Der Dichter genießt die römische Atmosphäre, kostet Weintrauben, die er preiswert bei Straßenhändlern ersteht, isst und trinkt Schokolade und bewundert die fruchttragenden Zitronen- und Orangenbäume in den städtischen Gärten. Ausflüge außerhalb der Stadt führen ihn zu den Castelli Romani. Ich stelle mir vor, dass er dort in einer Osteria sitzt, ein Stück Pecorino (italienischen Schafmilchkäse) mit Brot verspeist, an einem regionalen Weißwein nippt und mit den Schoten frisch geschälter Ackerbohnen spielt: eine Reminiszenz an einen Stich von Bartolomeo Pinelli, der die Menschen in Rom und auf dem Lande so verewigt, wie sie sich Goethe präsentieren – die Obst- und Gemüsehändler, der Brokkoli-Markt in Trastevere, der Bratenkoch, der *Tripparolo* (auf Innereien spezialisierter Koch).

Hin und wieder sieht man Goethe auch am Meer, in Ostia, wo er die Fischer dabei beobachtet, wie sie ihre Netze mit *den wunderlichsten Gestalten an Fischen, Krebsen und seltsamen Unformen* leeren, wie etwa dem *Fisch, der dem Berührenden einen elektrischen Schlag gibt.*

Im September 1827 wird Goethe in seiner Weimarer Wohnung von Johann Karl Wilhelm Zahn besucht, einem jungen Maler und Archäologen, der gerade von einem Aufenthalt in Rom zurückgekehrt ist. Im Gespräch mit ihm lässt er seine Zeit, die er als junger Mensch in Rom verbracht hat, Revue passieren. Die Flut der Erinnerungen in seinem achtzigjährigen Gehirn führt ihn zurück zu den Abenden in der *Osteria alla Campana:* Mehr als vierzig Jahre sind seit seinem Aufenthalt vergangen, doch der junge Gast versichert ihm, dass die Küche des Wirtshauses immer noch köstlich sei. Das olfaktorische Gedächtnis des Dichters begibt sich daraufhin auf eine melancholische Reise durch die Düfte und Essenzen des Mittelmeers, in der die verschiedenen Geschmäcker seines einstigen Aufenthalts in Rom wieder allgegenwärtig sind: *Stuffato* (vielleicht Coda alla vaccinara?), *Makkaroni* (mit Käse und Pfeffer?) und *Gebratenes* (Kalbsbries, Hirn und Artischocken?) sowie *Wein* (eventuell Falerno?).

All diese Gaumenfreuden rufen die Erinnerung an die Menschen wach, mit denen er diese Genüsse teilte, und der Dichter räumt ein, in besagter Osteria das römische Mädchen getroffen zu haben, das später in seinen gewagten *Römischen Elegien* verewigt wurde.

In der *Osteria di Vincenzo Roesler* lernt Goethe indes die Tochter des Gastwirts kennen, eine weitere junge Frau, mit der er anscheinend eine *Liebesaffäre* eingeht. Es ist ja auch schwer vorstellbar, dass Goethe sich während seines langen Aufenthalts in Italien ausschließlich seinem Kunststudium und der Malerei gewidmet, sich der Keuschheit hingegeben und auf jede Art von amourösem Abenteuer verzichtet hat, zumal er in einem Brief an Herzog Karl August verlautbaren ließ, er hoffe, sich nicht mit der *Franzosenseuche* anzustecken.

Von den fast zwei Jahren, die er sich in Italien aufhält, verbringt Goethe fast vierzehn Monate in Rom. Die Zeit in dieser Stadt stellt einen sehr wichtigen Abschnitt in der menschlichen, emotionalen und intellektuellen Entwicklung des Dichters dar und prägt nachhaltig seine Persönlichkeit, wie er später selbst einräumen würde: *Ich kann sagen, dass ich nur in Rom empfunden habe, was eigentlich ein Mensch sei. Zu dieser Höhe, zu diesem Glück der Empfindung bin ich später nie wieder gekommen; ich bin mit meinem Zustande in Rom verglichen, eigentlich nachher nie wieder froh geworden.*

Carciofo alla giudìa (Artischocken nach jüdischer Art)

Dieses Gericht, das anlässlich des Jom Kippur-Festes zubereitet wird, stammt aus dem jüdischen Ghetto in Rom.

Zutaten

4 römische Artischocken («Mammole»)
1,5 Liter Olivenöl Extra Vergine
oder Erdnussöl zum Frittieren
frische Petersilie und Basilikum, jeweils gehackt
125 ml trockener Weißwein
Zitronensaft
Salz und Pfeffer

Die Artischocken säubern, indem man zuerst die äußeren Blätter und dann den Stiel entfernt. Danach in eine Schüssel mit Wasser und Zitrone legen und etwa 15 Minuten kopfüber stehen lassen. Abgießen und mit Salz und Pfeffer würzen. Die Knusprigkeit der Artischocken ergibt sich aus dem doppelten Frittiervorgang. Reichlich Öl in eine Pfanne geben, erhitzen und die Artischocken 20 Minuten darin frittieren. Vorsicht, das Öl darf nicht zu heiß werden! Sobald die Artischocken goldbraun sind, aus dem Öl nehmen und gut abtropfen lassen, indem man sie auf den Kopf stellt und darauf achtet, dass die Blätter nicht abplatzen. Abkühlen lassen. Vor dem zweiten Frittieren mit Weißwein beträufeln. Öl entsprechend in eine Pfanne geben, erhitzen und die Artischocken nacheinander von beiden Seiten maximal 2-3 Minuten erneut frittieren. Überschüssiges Öl abtupfen, die jeweils fein gehackte Petersilie und das Basilikum darüberstreuen und mit einem Stück Zitrone garnieren. Heiß servieren.

Spaghetti con favette, cacio e pepe (Spaghetti mit Ackerbohnen, Käse und Pfeffer)

Zutaten

300 g Spaghetti
200 g frische, aus den Schoten befreite Ackerbohnen
80 g geriebener Pecorino
4 EL Olivenöl Extra Vergine
2 Knoblauchzehen
frische Minzblätter
Salz
frisch gemahlene Pfefferkörner von bester Qualität

Die Ackerbohnen einige Minuten in siedendem Wasser aufkochen, abgießen und die Haut entfernen. Mit einem Stabmixer 2 oder 3 Esslöffel davon pürieren, einen Schöpflöffel heißes Kochwasser, einen Esslöffel Öl und ein wenig Salz hinzufügen, bis eine Creme entsteht, die man beiseitestellt. In einer Pfanne etwas Öl und die zerdrückten Knoblauchzehen erhitzen, die restlichen Ackerbohnen hinzufügen und einige Minuten garen. Die Nudeln in reichlich Salzwasser kochen. Abgießen und einen

Teil des Kochwassers übrig lassen. Danach die Nudeln in die Pfanne geben, in der die Bohnen gegart wurden, das Ackerbohnenpüree hinzufügen und das Ganze kurz bei starker Hitze sautieren. Zwei Drittel des Käses darauf verteilen und mit Salz und Pfeffer würzen.

Abschließend mit frisch gemahlenem Pfeffer, Pecorino und gehackten Minzblättern bestreuen und servieren.

Coda alla vaccinara (Geschmortes Ochsenschwanzragout)

Diesem charakteristischen Gericht der römischen Küche liegt eine sehr interessante Geschichte zugrunde: Ursprünglich ein einfaches Essen, erklimmt es mit der Zeit die soziale Leiter, bis es auch die Tafeln der kapitolinischen Bourgeoisie und Aristokratie bereichert. Es wird mit dem wertvollsten Stück des Schlachtabfalls, dem Schwanz, zubereitet und erfordert eine lange Kochzeit; durch die Zugabe von Sultaninen, Pinienkernen und Bitterkakao lässt es sich verfeinern. Die Grundlage des Gerichts bildet Sellerie, der reichlich vorhanden sein und separat gekocht werden muss, bevor er in die Sauce gegeben wird.

Zutaten

1 kg Ochsenschwanz
(beim Metzger des Vertrauens bestellen)
30 g weißer Speck
1 mittelgroße Zwiebel und 1 Karotte, jeweils fein gehackt
½ Knoblauchzehe, 6 Basilikumblätter
1 kg geschälte Tomaten, ohne Kerne
50 g Tomatenmark
½ Glas Olivenöl Extra Vergine
¼ Liter trockener Weißwein

8 Selleriestangen, in 3 cm lange Stücke geschnitten
½ Liter Brühe
20 g Sultaninen
20 g Pinienkerne
50 g 70%ige Zartbitterschokolade

Den Ochsenschwanz abspülen, trocknen und in ziemlich große Stücke schneiden. Das Öl in einem großen Topf erhitzen und den klein gehackten Speck zusammen mit den Zwiebeln, Karotten, Knoblauch, Salz und etwas Pfeffer darin anbraten. Sobald alles angedünstet ist, den Ochsenschwanz hinzufügen und auf großer Flamme scharf anbraten. Anschließend mit dem Wein ablöschen, Hitze ein wenig erhöhen, den Wein verdampfen lassen und die Tomaten sowie das Tomatenmark hinzufügen. Mindestens sechs Stunden bei sehr geringer Hitze köcheln lassen. Der perfekte Gargrad ist erreicht, wenn das Fleisch beginnt, sich vom Knochen zu lösen. Von Zeit zu Zeit eine Kelle Brühe nachgießen, damit die Sauce nicht zu sehr eindickt. 15 Minuten vor Ende der Garzeit den zuvor in Salzwasser blanchierten Sellerie, die Schokolade, die Pinienkerne und die Sultaninen in die Sauce geben. Vor dem Servieren so lange wie möglich ruhen lassen, nach Möglichkeit einen ganzen Tag.

Crostata di ricotta e visciole
(Ricotta-Kirschkuchen)

Zutaten

Für die Füllung:

600 g Schattenmorellen (alternativ können auch Süßkirschen oder eine andere Sauerkirschenart verwendet werden)
abgeriebene Schale von zwei unbehandelten Zitronen
120 g Zucker
1 Zimtstange
300 g Ricotta
100 g Zucker
3 Eier

Für den Mürbeteig:

300 g Mehl Typ 00
100 g Zucker
100 g weiche Butter
Saft einer Bio-Zitrone
1 ganzes Ei
2 Eigelb
eine Prise Salz
1 TL Backpulver
Milch, falls erforderlich
Puderzucker

Für den Mürbeteig das Mehl mit Zucker, der weichen Butter, den Eiern, einer Prise Salz, Zitronensaft und Backpulver vermischen. Kneten, bis man einen glatten und kompakten Teig erhält. Sollte er zu hart sein, mit ein paar Esslöffeln Milch aufweichen. Den Teig in Frischhaltefolie wickeln und mindestens eine Stunde im Kühlschrank ruhen lassen.

In der Zwischenzeit die Kirschkonfitüre zubereiten. Dazu die Früchte waschen, entsteinen und in einen Kochtopf geben. Zitronenschale, Zucker und Zimtstange hinzufügen. Mit geschlossenem Deckel 15 Minuten aufkochen. Zimtstange und Zitronenschale entfernen und abkühlen lassen. Den Ricotta durch ein Sieb streichen; wenn er zu feucht ist, abtropfen lassen. Die Eier mit dem Zucker und der abgeriebenen Schale der zweiten Zitrone schlagen und mit dem Ricotta zu einer festen Creme verrühren. Zwei Drittel des Teigs ausrollen und den Boden sowie die Seiten einer Springform damit auslegen. Zuerst die Konfitüre und danach die Ricottacreme einfüllen. Aus dem restlichen Teig dünne Streifen von etwa 1 cm Länge formen. Diese gitterförmig auf der Ricottacreme anordnen. Im vorgeheizten Backofen bei 160 °C 30-40 Minuten backen.

Aus dem Ofen nehmen, abkühlen lassen, mit Puderzucker bestreuen und servieren.

Zweiter Gang: Neapel

Goethe reist am 22. Februar 1787, dem Tag nach Aschermittwoch, aus Rom ab. Die Farce in puncto Anonymität geht weiter: Sein Pass weist ihn als *Monsieur Milleroff* aus, einen Mann mit Moskauer Staatsbürgerschaft. Drei Tage später, am 25. Februar 1787, trifft er, in Begleitung des Malers Tischbein, in Neapel ein. Die Grenze zum Königreich beider Sizilien fällt mit der Demarkationslinie des mediterranen Italiens zusammen: Die üppige Vegetation, Weizenfelder, terrassierte Olivenhaine, Weinberge, Zitrusplantagen und Kaktusfeigen, die zwischen Agaven und Granatapfelbäumen wachsen, erinnern ihn an das melancholische Lied der kleinen Mignon. Die fruchtbare Ebene erstreckt sich ohne Unterbrechung bis zu den Toren Neapels. Die verschiedenen Motive und Farben bieten einen Vorgeschmack auf wohlduftende Gaumenfreuden, die sich im Gedächtnis gleichermaßen einprägen wie die Landschaft:

Wir wurden sogleich durch die über die Mauern hängenden Pomeranzen auf beiden Seiten des Wegs begrüßt. [...] *Endlich erreichten wir die Plaine von Capua.* [...] *Am Nachmittag tat sich ein schönes, flaches Feld vor uns auf.* [...] *Der Weizen ist wie ein*

Teppich und wohl spannenhoch. Pappeln sind reihenweise auf den Feldern gepflanzt, hoch ausgezweigt und Wein hinangezogen.

Wenn Rom den Mittelpunkt von Goethes Aufenthalt in Italien darstellt, so symbolisiert Neapel dessen Epizentrum – ein seismisches Beben, das sein ganzes Wesen durchdringt und ihn bis ins Mark erschüttert. Hier verbringt der Schriftsteller insgesamt zwei Monate. Neapel ist nach Venedig und Rom das dritte obligatorische Reiseziel der *Grand Tour* – und das weniger wegen der archäologischen Stätten als vielmehr aufgrund der unbeschreiblichen Schönheit der Natur und des landschaftlichen Spektakels, das der Golf, die Inseln, das Meer sowie der imposante Vesuv bieten. *Von der Lage der Stadt und ihren Herrlichkeiten, die so oft beschrieben und belobt sind, kein Wort,* notiert Goethe in seinem Tagebuch.

Ende des 18. Jahrhunderts ist Neapel mit schätzungsweise 450.000 Einwohnern nach London und Paris die drittgrößte europäische Metropole und Hauptstadt des größten Reichs der Halbinsel, dem Königreich beider Sizilien. Ein politisches Zentrum, in dem einige der bedeutendsten Dynastien Europas residierten, von den Anjou über die Aragonier bis zu den Bourbonen. Hier ticken die Uhren anders, und ein unwiderstehlicher Charme zieht sämtliche ausländische Reisende in seinen Bann;

auch Goethe ist davor nicht gefeit, und er lässt sich von der neapolitanischen Atmosphäre mitreißen: *Wenn man in Rom gern studieren mag, so will man hier nur leben; man vergisst sich und die Welt, und für mich ist es eine wunderliche Empfindung, nur mit genießenden Menschen umzugehen.*

Er steigt ab in der *Locanda del Signor Moriconi al Largo del Castello*, einer einfachen, etwas außerhalb des Stadtzentrums gelegenen Pension, in einem Viertel mit engen Gassen, in denen es von Manufakturen, Weinkellern, Tavernen und Bratstuben nur so wimmelt. Bereits am dritten Tag seines Aufenthalts in Neapel legt Goethe eine komplett andere Attitüde an den Tag als in Rom, und die Absicht, inkognito zu bleiben, weicht einer unbeschreiblichen Lebenslust: Er knüpft Kontakte zu den Künstler-, Literaten- und Philosophenkreisen der Stadt sowie zu einigen bedeutenden Aristokraten, er verkehrt mit Vertretern der internationalen Diplomatie und streift durch die Straßen der Stadt, um sich von der Fröhlichkeit und Lebensfreude der Neapolitaner anstecken zu lassen.

Der Dichter gibt seine Anonymität und seine Moskauer Identität auf und stellt zu seiner großen Überraschung fest, dass er … Neapolitaner ist: *Neapel habe ich nach seiner eignen Art behandelt; ich war nichts weniger als fleißig.* Die Stadt eröffnet ihm einen neuen Blick auf die Welt und zeigt ihm, wie wertvoll ein Leben *ohne Kümmernis* und Sorgen ist: *Neapel ist ein Paradies, jedermann lebt in einer Art von trunkner Selbstvergessenheit. Mir geht es ebenso, ich erkenne mich kaum, ich scheine mir ein ganz anderer Mensch.*

Als er die Einladung zum Abendessen von Teresa Filangieri Fieschi Ravaschieri, einem *wunderlichen Prinzesschen* aus der Familie Filangieri, annimmt, darf er miterleben, wie sehr die Küche der neapolitanischen Aristokratie darauf bedacht ist, die Verbote der Fastenzeit einzuhalten. Das Dinner im Palazzo Fieschi Ravaschieri ist vermutlich das einzige, das in aller Ausführlichkeit als Moment großer Geselligkeit beschrieben wird. Goethe erhält einen Ehrenplatz neben der Prinzessin, die sich während des gesamten Abendessens ununterbrochen mit ihm unterhält und sich dabei über die Geistlichen mokiert, die Gerichte kommentiert und ironische Andeutungen über die Fastenzeit macht: Es ist ein bedeutendes Essen mit mehr als vierzig Gästen, das der gesellschaftlichen Stellung und dem Rang einer Adeligen gerecht wird, deren Erhabenheit dem Anlass einen angemessen Rahmen verleiht:

Das Essen ist durchaus gut, alles Fastenspeisen, aber ausgesucht, das Beste will ich Ihnen andeuten. [...] *Die Suppe war herumgegeben* [...] *Es wurden Pastetchen gereicht.* [...] *Besonders gaben ihr die zur Fastenzeit in Fleischgestalt verwandelten Fische unerschöpflichen Anlass, gott- und sittenlose Bemerkungen anzubringen, besonders aber auch die Fleischeslust hervorzuheben und zu billigen, dass man sich wenigstens an der Form ergötze, wenn auch das Wesen verboten sei.* [...] *Das Dessert war aufgetragen, und ich fürchtete, nun gehe es immer so fort.*

In Neapel lernt Goethe die zwei Welten der neapolitanischen Küche kennen: zum einen die Hof-, zum anderen die Volksküche. Diese Tradition resultiert aus der Geschichte der Stadt und dem Einfallsreichtum ihrer Bewohner. Letztere verstehen es nämlich, die für die Region typischen Aromen und Zutaten in die Kreation von Gerichten zu integrieren, die einerseits die gewünschte Raffinesse am neapolitanischen Hof widerspiegeln, andererseits auch in den Straßen und Häusern der ärmsten Viertel in schlichter Form zubereitet werden können. Ab der zweiten Hälfte des 18. Jahrhunderts erlebt Neapel eine wahre gastronomische Revolution, gekennzeichnet durch den wachsenden Einfluss Frankreichs, vor allem durch die Präsenz der «Monzù» und der Verbreitung der Pasta. Die Monzù (Neapolitanisierung von «Monsieurs») sind die Köche der französischen Adelsküchen, die infolge der Französischen Revolution Frankreich verlassen mussten und an den Höfen sowie bei Adelsfamilien anderer Länder eine Anstellung fanden.

Wenn der Palazzo Fieschi Ravaschieri ein Beispiel für die französisch geprägte aristokratische Küche ist, so werden die Straßen Neapels zum Ort, an dem die Vielfalt der Volksküche zum Ausdruck kommt und sich im bunten Gewimmel von Ständen und Geschäften, von Fleisch und Fisch, Obst und Gemüse niederschlägt:

Es sind verschiedne Tage im Jahr, besonders die Weihnachtsfeiertage, als Schmausfeste berühmt; alsdann feiert man eine allgemeine Cocagna [...]. *Dann sind aber auch die Straße Toledo und neben ihr mehrere Straßen und Plätze auf das appetitlichste verziert. Die Butiken, wo grüne Sachen verkauft werden, wo Rosinen, Melonen und Feigen aufgesetzt sind, erfreuen das Auge auf das allerangenehmste. Die Esswaren hängen in Girlanden über die Straßen hinüber; große Paternoster von vergoldeten, mit roten Bändern geschnürten Würsten; welsche Hähne, welche alle eine rote Fahne unter dem Bürzel stecken haben.* [...] *Außer diesem werden noch eine Menge Esel, mit grüner Ware, Kapaunen und jungen Lämmern beladen, durch die Stadt und über den Markt getrieben, und die Haufen Eier, welche man hier und da sieht, sind so groß, dass man sich ihrer niemals so viel beisammen gedacht hat. Und nicht genug, dass alles dieses verzehret wird: alle Jahre reitet ein Polizeidiener mit einem Trompeter durch die Stadt und verkündet auf allen Plätzen und Kreuzwegen, wieviel tausend Ochsen, Kälber, Lämmer, Schweine usw. der Neapolitaner verzehrt habe. Das Volk höret aufmerksam zu, freut sich unmäßig über die großen Zahlen, und jeder erinnert sich des Anteils an diesem Genusse mit Vergnügen.*

Neapel, die *liebenswerte* Stadt der *reichen Ernten*, ist das Abbild des Schlaraffenlandes, in dem die Träume der kollektiven Vorstellungskraft der Menschen wahr werden: *Es ist keine Jahreszeit, wo man sich nicht überall von Esswaren umgeben sähe, und der Neapolitaner freut sich nicht allein des Essens, sondern er will auch, dass die Ware zum Verkauf schön aufgeputzt sei.* [...] *Die Läden von getrocknetem Obst und Hülsenfrüchten sind auf das mannigfaltigste herausgeputzt. Die ausgebreiteten Pomeranzen und Zitronen von allen Sorten, mit dazwischen hervorstechendem grünem Laub, dem Auge sehr erfreulich. Aber nirgends putzen sie mehr als bei den Fleischwaren, nach welchen das Auge des Volks besonders lüstern gerichtet ist, weil der Appetit durch periodisches Entbehren nur mehr gereizt wird. In den Fleischbänken hängen die Teile der Ochsen, Kälber, Schöpse niemals aus, ohne dass neben dem Fett zugleich die Seite oder die Keule stark vergoldet sei.*

Ein weiteres Freudenfest für den Magen des Deutschen ist der 19. März, der Namenstag des heiligen Josef, zu dessen Ehren Zeppole zubereitet werden: *So war auch heute Fest des Patrons aller*

Frittaruolen, d.h. Gebacknesmacher, versteht sich Gebacknes im gröbsten Sinne. [...] *Große Pfannen standen vor der Türe auf leicht gebauten Herden. Ein Gesell wirkte den Teig, ein anderer formte, zog ihn zu Kringlen und warf sie in die siedende Fettigkeit. An der Pfanne stand ein dritter, mit einem kleinen Bratspieße, er holte die Kringlen, wie sie gar wurden, heraus, schob sie einem vierten auf ein ander Spießchen, der sie den Umstehenden anbot.*

Man kann den Duft und die Knusprigkeit des Gebäcks förmlich riechen und schmecken. Das Ganze ist derart detailliert in Worte gefasst, quasi so, als ob Goethe ein Rezeptbuch schreiben würde. Das erste Rezept für Zeppole erscheint jedoch erst 1837 in dem Band *Cucina teorico-pratica* von Ippolito Cavalcanti, dem Herzog von Buonvicino und berühmten neapolitanischen Gastronomen. Es handelt sich um ein ganz besonderes Handbuch: Der zweite Teil ist landestypischen Rezepten gewidmet und vollständig auf Neapolitanisch, der damaligen Hofsprache, verfasst.

Johann Caspar Goethe ist einige Jahrzehnte zuvor ebenfalls von der Fülle des gastronomischen Angebots in den Straßen der Stadt beeindruckt. Im Gegensatz zu seinem Sohn beschreibt er aber die Stände mit typisch neapolitanischem Straßenessen als ein die harmonische Stadtarchitektur störendes Element, da sie willkürlich in den Straßen verteilt sind. Hinzu kommt die Abneigung gegen den unangenehmen Frittiergeruch: Mit anderen Worten, der Gestank von Frittiertem stört den sensiblen Geruchssinn des nordischen Touristen, der eher an tierische als an pflanzliche Butter und Fette gewöhnt ist.

Und so gibt uns Johann Wolfgang, der durch die Viertel Neapels zwischen Märkten und Ständen schlendert, eine eindrucksvolle Beschreibung von den neapolitanischen *Makkaroni-Essern*: *Was die Mehl- und Milchspeisen betrifft,* [...] *ist für jenes Volk* [...] *doppelt gesorgt: Die Makkaroni, ein zarter, stark durchgearbeiteter, gekochter, in gewisse Gestalten gepresster Teig von feinem Mehle, sind von allen Sorten überall um ein geringes zu haben. Sie werden meistens nur in Wasser abgekocht, und der geriebene Käse schmalzt und würzt zugleich die Schüssel.*

Neapolitanische *Maccaronari* (Makkaroni-Verkäufer) sind stets wiederkehrende Kupferstichmotive des späten 18. bis zur ersten Hälfte des 19. Jahrhunderts. Bevor die Pasta massenhaft auf den neapolitanischen Tischen landet, werden die Einheimischen als *Blattesser* bezeichnet, da sie sich hauptsächlich von Gemüse ernähren. Erst zu Beginn des 18. Jahrhunderts, als sich die Essgewohnheiten ändern und die Pasta an die Stelle von Brokkoli, Stängelkohl und anderen Gemüsesorten tritt, beginnt man, die Neapolitaner als *Makkaroni-Esser* zu betiteln. Die Regierungspolitik des Königreichs musste ein Ersatznahrungsmittel finden, das die hungrigen Mäuler der Neapolitaner, die während der Zeit des Bevölkerungswachstums nunmehr eine halbe Million Einwohner zählten, auf kostengünstige Weise stopfte. So wird der Verzehr von Nudeln vorgeschrieben, da diese sehr kalorienreich und im Gegensatz zu Kartoffeln und Mais kaum verderblich sind. Makkaroni werden zum Symbol einer Lebensmittelrevolution, die sich im Laufe des darauffolgenden Jahrhunderts von einem lokalen Phänomen zu einer globalen, fast schon pandemischen Erscheinung entwickeln sollte.

Es ist abermals Ippolito Cavalcanti, der schriftlich festhält, was vermutlich ein weit verbreiteter Brauch des Volkes geworden war. In der zweiten Auflage seiner *Cucina teorico-pratica* von 1839 schlägt er im Rezept für *viermicielli co le pommadoro* vor, Nudeln mit Tomaten anzurichten. Erst im 19. Jahrhundert feiert die Pasta folglich ihre Vermählung mit der Tomate – eine gewinnbringende Kombination, die noch heute das Aushängeschild der italienischen Küche in der Welt ist.

Nach seiner Rückkehr nach Deutschland begibt sich Goethe auf die Suche nach einer Nudelfabrik, bei der er Pasta nach italienischem Rezept bestellen kann. Er wird von Antonio Bertoldi beliefert, einem ehemaligen Opernsänger, der in Dresden eine

Mühle mit angeschlossener Nudelfabrik (Dresdner Nudelmühle) erwirbt und 1764 die Genehmigung erhält, Pasta nach italienischem Vorbild, *italienische Makkaroni* – genauer: neapolitanische und genuesische Nudeln – aus Hartweizengrieß herzustellen. Je nach Sorte gibt die Nudelfabrik sogar Kochanweisungen: Eine Anweisung *al dente* ist gänzlich unbekannt, dafür wird empfohlen, *neapolitanische Nudeln* 30 Minuten zu kochen und sie mit Käse zu servieren.

Die ländlichen Gebiete rund um die bourbonische Hauptstadt waren so konzipiert, dass sie den täglichen Bedarf der Großstadt und ihrer Bewohner decken konnten. Um die Versorgung der Stadt zu gewährleisten, strömen täglich zahlreiche Bauern mit den Produkten ihrer landwirtschaftlichen Tätigkeit vom Land in Richtung Stadt. Neapel ist aber nicht nur der Ort, an dem Bodenerzeugnisse verkauft werden: Dank der Essensreste und des Pferdemistes, die auf den Straßen der Stadt landen, ist die Stadt eine wertvolle Ressource, von der die Bauern der unmittelbaren Umgebung zehren, um mit außerordentlichem Fleiß ihre Felder damit zu düngen.

Goethe schildert diese alltägliche Wechselbeziehung zwischen Stadt und Land sehr anschaulich: *Das nächste Feld um Neapel ist nur ein Küchengarten, und es ist eine Freude, zu sehen, welche unsägliche*

Menge von Küchengewächsen alle Markttage hereingeschafft wird und wie die Industrie der Menschen sogleich die überflüssigen, von den Köchen verworfenen Teile wieder in die Felder bringt, um den Zirkel der Vegetation zu beschleunigen. Bei der unglaublichen Konsumtion von Gemüse machen wirklich die Strünke und Blätter von Blumenkohl, Broccoli, Artischocken, Kohl, Salat, Knoblauch einen großen Teil des neapolitanischen Kehrichts aus; diesen wird denn auch besonders nachgestrebt. Zwei große biegsame Körbe hängen auf dem Rücken eines Esels und werden nicht allein ganz voll gefüllt, sondern noch auf jeden mit besonderer Kunst ein Haufen aufgetürmt. Kein Garten kann ohne einen solchen Esel bestehen. Ein Knecht, ein Knabe, manchmal der Patron selbst eilen des Tags so oft als möglich nach der Stadt, die ihnen zu allen Stunden eine reiche Schatzgrube ist. Wie aufmerksam diese Sammler auf den Mist der Pferde und Maultiere sind, lässt sich denken.

In diesem Bild scheint die Grenze zwischen Stadt und Land beinahe in einer Vermengung von Figuren, Rollen und Bräuchen zu verschwimmen, da sich die Abläufe des Landlebens vermeintlich bis in das Stadtzentrum erstrecken.

Goethe ist fasziniert vom Wasser und dem Meer. Das neapolitanische Meer ist tief, grenzenlos, *unermesslich* – mit Inseln, die sich im Blau spiegeln, und *dampfenden Bergen*. Er besucht oft den Ortsteil

Santa Lucia, das Fischerviertel mit seinem charakteristischen Fischmarkt: *Bei Santa Lucia sind die Fische nach ihren Gattungen meist in reinlichen und artigen Körben; Krebse, Austern, Scheiden, kleine Muscheln, jedes besonders aufgetischt und mit grünen Blättern unterlegt.* Aber Goethe liebt es auch, sich zum Hafen zu begeben und die Fischer zu beobachten: *Dann gingen wir ans Meer und sahen allerlei Fische und wunderliche Gestalten aus den Wellen ziehen.*

Wir können ihm förmlich dabei zusehen, wie er *ein Frühstück direkt am Meer* genießt. Was probiert er? Eine mit Gemüse gefüllte Calzone? Eine weiße Pizza? Wir können es nur erahnen. Denn die Pizza, wie wir sie heute kennen, hat sich zu Goethes Zeiten noch nicht verbreitet: Tomaten müssen sich auf dem Speiseplan der Menschen erst noch etablieren, und die Pizza ist im Wesentlichen weiß, darüber hinaus wird der Teig oftmals gebraten und mit Schmalz, Knoblauch, Basilikum und manchmal Käse belegt.

Mittlerweile sind dreieinhalb Monate vergangen – den zwischenzeitlichen Aufenthalt in Sizilien mitgerechnet –, und auch für Goethe gilt es, die Rückreise anzutreten. Nach einem Abendspaziergang, bei dem sich ihm Neapel in seiner ganzen Schönheit präsentiert, kehrt er in seinen Gasthof zurück, genehmigt sich zusammen mit seinem neuen Freund, dem Maler Heinrich Kniep, eine

Flasche Wein (vermutlich einen Lacrima Christi) und plaudert mit ihm bis spät in die Nacht über seine Zukunftspläne. Am 3. Juni 1787 macht er sich allein auf den Weg nach Rom und trinkt davor noch aus einer *großen chinesischen Porzellantasse* einen Abschiedskaffee, den ihm ein *Kaffeehausdiener* in der Nähe des letzten Kontrollpostens im Viertel serviert. Er spürt, dass die Stadt ihn für immer verändert hat, denn Neapel kann man nicht beschreiben, man kann die Stadt nicht in Worte fassen, man muss sie einfach erleben: *Und so fuhr ich denn durch das unendliche Leben dieser unvergleichlichen Stadt, die ich wahrscheinlich nicht wiedersehen sollte, halb betäubt hinaus.*

Panzerotti con scarola (Teigtaschen mit Endivienfüllung)

Zutaten

Für den Teig:

250 g Mehl Typ 00
100 g Schmalz
100 ml lauwarmes Wasser
1 TL Instant-Trockenhefe oder 1 TL Natron
Salz

Für die Füllung:

1 Endivienkopf
2 in Salz eingelegte Sardellen
1 EL in Salz eingelegte Kapern
1 Knoblauchzehe
150 g schwarze Oliven
Olivenöl Extra Vergine
Salz
1 Prise scharfes Chilipulver
Erdnussöl zum Frittieren (ca. 1 Liter)

Den Endiviensalat putzen und waschen, anschließend etwa 10 Minuten im Wasser kochen. Abgießen und, sobald er abgekühlt ist, auswringen und zerkleinern. 2 Esslöffel Öl in eine beschichtete Pfanne geben, die Endivienstücke, die klein geschnittenen, in Salz eingelegten Sardellen, das Chilipulver sowie den fein gehackten Knoblauch hinzufügen und einige Minuten bei starker Hitze scharf anbraten. Dann die entkernten Oliven und die Kapern dazugeben. Mit Salz abschmecken und ein paar Minuten ziehen lassen. Das Mehl in eine Schüssel sieben, in die Mitte eine Vertiefung drücken und das Schmalz hineingeben. Salz, Trockenhefe oder Natron hinzufügen und mit dem Kneten beginnen, indem man das Wasser hineingießt und das gesamte Mehl von innen nach außen aufnimmt, bis ein glatter, fester Teig entsteht. Etwa 20 Minuten ruhen lassen, danach den Teig dünn ausrollen und kleine Kreise von 8-10 cm Durchmesser ausstechen. In die Mitte jeweils die Endivienfüllung geben und anschließend die Panzerotti halbmondförmig zusammenklappen. Die Ränder fest zudrücken. In reichlich heißem Öl frittieren, dabei einmal wenden. Wenn die Teigtaschen goldbraun sind, abtropfen lassen, das überschüssige Fett entfernen und möglichst heiß servieren.

Maccheroni alla napoletana (Makkaroni mit neapolitanischer Fleischsauce)

Zutaten

500 g abgepackte oder selbst gemachte Makkaroni
(alternativ Paccheri oder Ziti)

Für die neapolitanische Fleischsauce:
500 g Rinderhüfte (in Stücke geschnitten)
50 g Pancetta
50 g weißer Speck
50 g Schmalz
1 Zwiebel
1 Knoblauchzehe
1 Glas Rotwein
300 g passierte Tomaten
100 g Tomatenmark
200 ml Gemüsebrühe
frisches Basilikum
Olivenöl Extra Vergine
Salz und Pfeffer
geriebener Parmesan oder Pecorino

Die Pancetta in Streifen schneiden, das Fleisch damit spicken und mit Küchengarn zusammenbinden. Den weißen Speck würfeln und in einer Pfanne mit dem Schmalz auslassen. Sobald das Fett beginnt, Bläschen zu werfen, die in feine Ringe geschnittene Zwiebel und den zerdrückten Knoblauch hinzufügen. Alles auf kleiner Flamme dünsten, bis die Zwiebel goldbraun ist. Das Fleisch hinzugeben, von allen Seiten gleichmäßig anbraten und mit Salz und Pfeffer würzen. Mit dem Wein ablöschen und diesen langsam verdampfen lassen.

In der Zwischenzeit die passierten Tomaten zusammen mit dem Tomatenmark erhitzen, mit 100 ml Gemüsebrühe verdünnen, über das Fleisch gießen und bei schwacher Hitze mindestens vier Stunden köcheln lassen. Das Fleisch herausnehmen und die Sauce weiter reduzieren, bis sie eingekocht ist. Vor dem Servieren das aufgeschnittene Fleisch wieder zugeben, um es zu erwärmen. In einem Topf reichlich Salzwasser zum Kochen bringen, die Nudeln hineingeben und al dente kochen. Abgießen und mit reichlich Fleischsauce anrichten.

Zum Servieren auf jede Portion ein kleines Stück Fleisch legen und nach Belieben Parmesan oder Pecorino darüberstreuen.

Polpo alla luciana (Oktopus mit Tomaten, Kapern und Oliven)

Dies ist ein typisches Gericht aus dem Fischerviertel Borgo Santa Lucia, das den Fischern entsprechend den Beinamen «luciani» eingebracht hat.

Zutaten

1 etwa 1 kg schwerer Oktopus
500 g Kirschtomaten
2 Knoblauchzehen
1 Bund Petersilie
1 EL gehackte Kapern
50 g entsteinte schwarze Oliven
1 Prise Chilipulver, Olivenöl Extra Vergine, Salz und Pfeffer
Brotcroutons (nach Belieben)

Einen großen Topf mit Wasser füllen, salzen und zum Kochen bringen. Den Oktopus säubern, unter kaltem Wasser waschen und anschließend dreimal kurz in das siedende Wasser tauchen. Die Hitze reduzieren und den Oktopus etwa 30 Minuten bei mittlerer Hitze köcheln lassen. In der Zwischenzeit die Tomaten blanchieren, entkernen, schälen und in Würfel schneiden. In einer Pfanne 3 Esslöffel Öl erhitzen und eine Knoblauchzehe darin andünsten. Die Tomatenwürfel dazugeben, mit Salz und Pfeffer würzen und einige Minuten anbraten. Im Anschluss den ganzen, abgetropften Oktopus zugeben und zugedeckt bei schwacher Hitze etwa 40 Minuten garen. Dann die Kapern, die entkernten Oliven und das Chilipulver hinzufügen. Die Sauce einkochen lassen, die Petersilie hacken und zum Oktopus geben. Gegebenenfalls mit Salz und Pfeffer abschmecken.

Den Oktopus mit reichlich Sauce und einigen Croutons servieren.

Frittura di pesce (Frittierter Fisch)

Fast an der Ecke jeder großen Straße sind die Backwerkverfertiger mit ihren Pfannen voll siedenden Öls, besonders an Fasttagen, beschäftigt, Fische und Backwerk einem jeden nach seinem Verlangen sogleich zu bereiten. Diese Leute haben einen unglaublichen Abgang, und viele tausend Menschen tragen ihr Mittag- und Abendessen von da auf einem Stückchen Papier davon.

Zutaten

200 g Tintenfisch
200 g Garnelen
200 g kleine Sardellen
200 g Moschuskrake
150 g Mehl Typ 00
Erdnussöl zum Frittieren
unbehandelte Zitrone
frisches Basilikum (nach Belieben), Salz und Pfeffer

Die Tintenfische putzen, häuten und die Eingeweide sowie den Kopf entfernen. Waschen, Tentakel von den Beuteln trennen, die dunkle Schicht, die diese bedeckt, abziehen und schließlich in Ringe schneiden. Die Garnelen schälen, am Rücken einschneiden, den Darm mit einem Zahnstocher entfernen, abspülen und trocknen. Die Sardellen von Kopf und Eingeweiden befreien und unter fließendem Wasser gut waschen, in einem Sieb abtropfen lassen und mit Papiertüchern trocken tupfen. Alle Fische in Mehl wenden, überschüssiges Mehl entfernen und sie nach und nach in einer Pfanne mit reichlich heißem Öl frittieren. Sobald sie goldbraun sind, auf Küchenpapier legen, damit das überschüssige Fett abtropfen kann, und anschließend salzen. Heiß und zusammen mit Zitronenscheiben oder einer Mischung aus frischem, gehacktem Basilikum und geriebener Zitronenschale servieren.

Zeppole di San Giuseppe (Neapolitanischer Brandteigkrapfen)

Zutaten

Für die Teiglinge:

½ Liter Wasser

400 g Mehl Typ 00

6 Eier

75 g Butter

eine Prise Salz

Erdnussöl zum Frittieren (ca. 2 Liter)

Für die Creme:

3 Eigelb

100 g Zucker

3 gestrichene EL Speisestärke

½ Liter Milch

eine Vanilleschote

Zum Garnieren:

Sauerkirschkonfitüre

Puderzucker

Die Creme zubereiten, indem die Milch mit der Vanilleschote erhitzt wird. Durch ein Sieb abseihen. In einer Schüssel die Eigelbe mit dem Zucker schlagen, bis die Masse weich und schaumig ist.

Die Speisestärke einrühren und darauf achten, dass sich keine Klümpchen bilden, dann langsam die lauwarme Milch hinzufügen. Die Creme in einen kleinen Topf umfüllen und unter ständigem Rühren bei schwacher Hitze eindicken lassen; Herd ausschalten und das Ganze abkühlen lassen.

Das Wasser mit der Butter und einer Prise Salz in einen Topf geben, das gesiebte Mehl hinzufügen und 10 bis 15 Minuten kräftig rühren, bis sich die Masse von den Seiten und vom Boden des Topfes löst. Den Herd ausschalten und alles abkühlen lassen; danach die Eier nacheinander unter Rühren untermischen. Möglichst nicht das nächste Ei hinzufügen, wenn das vorherige noch nicht vollständig vom Teig aufgenommen wurde.

Den fertigen Teig in einen Spritzbeutel mit breiter Öffnung füllen und zu kleinen Kringeln formen, die jeweils in kleinen Mengen im heißen Öl ausgebacken werden. Dabei darauf achten, dass sie nur einmal gewendet werden und auf beiden Seiten gleichmäßig gebräunt sind. Anschließend auf saugfähiges Küchenpapier legen, um überschüssiges Fett zu entfernen.

Nach dem Abkühlen auf einem Servierteller anrichten, in die Mitte einen Teelöffel Sahne geben und mit etwas Sauerkirschkonfitüre garnieren. Die Zeppole mit Puderzucker bestreuen und servieren.

Pastiera napoletana (Neapolitanischer Osterkuchen)

Zutaten

Für den Mürbeteig:

300 g Mehl Typ 00

100 g Zucker

100 g Butter

3 Eier

abgeriebene Schale einer unbehandelten Zitrone

Für die Füllung:

400 g Ricotta

100 g Zucker

½ TL Zimt

3 Eigelb

½ Liter Milch

100 g Weizen

2 Eiweiß

abgeriebene Schale einer unbehandelten Orange

100 g fein gehackte kandierte Früchte

(Zedratzitrone und Orange)

1 EL Orangenblütenwasser

In einer Kasserolle den Weizen mit der Milch, der Hälfte des Zuckers und der Orangenschale auf kleiner Flamme köcheln lassen, bis er cremig weich geworden ist. Den Herd ausschalten und die Masse ruhen lassen. Für den Mürbeteig das Mehl auf ein Backbrett häufen und die Eier, den Zucker, die Zitronenschale sowie die weiche Butter in die Mitte geben. Das Ganze zu einem geschmeidigen Teig vermengen und für mindestens eine halbe Stunde in den Kühlschrank stellen. In der Zwischenzeit die Füllung vorbereiten. Dazu in einer Schüssel den gesiebten Ricotta mit dem Zucker, den Eigelben, dem Zimt, den gehackten kandierten Früchten, dem Orangenblütenwasser und der Zitronenschale verquirlen. Den abgekühlten Weizen untermischen und cremig rühren. Das Eiweiß aufschlagen und vorsichtig unter die Ricottacreme heben, dabei darauf achten, dass es nicht zerfällt. Mit einem Teil des Mürbeteigs den Boden und die Seiten einer gebutterten und bemehlten Springform auskleiden. Den Boden mit einer Gabel einstechen und die Ricotta-Füllung hineingeben. Den restlichen Teig dünn ausrollen und in Streifen schneiden. Diese dann so kreuz und quer auf den Teig legen, dass ein Rautenmuster entsteht. Im vorgeheizten Backofen bei 180 °C etwa 40 Minuten backen.

Abkühlen lassen und mit Puderzucker bestreuen. Die Pastiera schmeckt am besten, wenn sie am Vortag zubereitet wird.

Dessert: Sizilien

Bevor Goethe den Rückweg antritt, zieht er in Erwägung, die Reise um einen Abstecher nach Sizilien zu verlängern, und beschließt dann, nach reiflicher Überlegung, die waghalsigste Etappe seines Abenteuers in Angriff zu nehmen. Die unkomfortablen, kaum vorhandenen Unterkünfte, die Hitze, die widrigen Straßenverhältnisse, die Gefahr von Übergriffen sowie fehlende Dienstleistungen, an die man üblicherweise gewöhnt ist, laden nicht gerade dazu ein, Sizilien zu besuchen – eine Region, die auf der *Grand Tour* tendenziell eher gemieden wird.

Goethe und sein neuer Reisebegleiter, der Maler Heinrich Kniep, begeben sich am 29. März 1787 an Bord einer in Amerika gebauten Korvette und stechen mit dem Sonnenuntergang in See. Es ist Goethes erste Meeresüberfahrt. Die Seekrankheit zwingt ihn dazu, sich in seine *Kammer* zurückzuziehen, um sich dort zu schonen: Er nimmt nur *weißes Brot und roten Wein* zu sich und verzichtet auf die *treffliche Mittagstafel* an Bord. Nach vier Tagen turbulenter Schifffahrt gehen die beiden Reisenden am Morgen des 2. April 1787 schließlich in Palermo von Bord.

Dort quartiert sich der Dichter in einer prächtigen Herberge ein, in der er sich sehr wohlfühlt und wo ihn der Besitzer mit größter Fürsorge behandelt. Sein Aufenthalt in Sizilien wird zu einer Art Weltumrundung. Auf seinen Rundreisen nimmt Goethe die Dienste eines *Vetturins* in Anspruch, eines einheimischen Maultiertreibers, der für die Streckenplanung, die Pferde, die Suche nach Unterkünften und die Verpflegung zuständig ist. Inmitten der üppigen Vegetation Palermos und seiner Gärten voller Orangen- und Zitronenbäume sowie zahlreicher anderer ihm unbekannter Gewächse glaubt Goethe, das Geheimnis der *Urpflanze* entdeckt zu haben: Genüsslich genehmigt er sich ein *gutes Glase Wein*!

Das Ende der Fastenzeit wird mit einer vom Vizekönig ausgesprochenen offiziellen Einladung zum Mittagessen am Ostersonntag gefeiert, welche Goethe, der nicht mehr inkognito reist, gern annimmt. Über die Speisen verrät er nichts, jedoch können wir davon ausgehen, dass die Tafel in einem der repräsentativsten Gebäude Palermos opulent gedeckt ist und mit großer Raffinesse verfertigte Gerichte aufgetischt werden. Zubereitet werden sie nämlich von einem *Monzù*, einem Koch, der die große Tradition der französischen Haute Cuisine – oder was man gemeinhin damit verbindet – fortführt und damals als wahrer Superstar der sizilianischen Gastronomie gilt.

Der Ausflug nach Monreale wird ebenfalls abgerundet mit einem *sehr guten Mittagessen*, das von den Mönchen des Klosters eigens zubereitet wird: Ein Tisch für zwei Personen in einem *angenehmen kleinen Saal* mit einer *lieblichen Aussicht* auf das fruchtbare Tal, wo *die Gebirge umher wohlbebaut sind*. Bevor er Palermo verlässt, rekapituliert Goethe am Tisch sitzend die Geschmacks- und Geruchseindrücke seiner ersten zwei Wochen auf Sizilien:

Vom Essen und Trinken hierzuland hab' ich noch nichts gesagt, und doch ist es kein kleiner Artikel. Die Gartenfrüchte sind herrlich, besonders der Salat von Zartheit und Geschmack wie eine Milch; man begreift, warum ihn die Alten Lactuca genannt haben. Das Öl, der Wein alles sehr gut, und sie könnten noch besser sein, wenn man auf ihre Bereitung mehr Sorgfalt verwendete. Fische die besten, zartesten. Auch haben wir diese Zeit her sehr gut Rindfleisch gehabt, ob man es gleich sonst nicht loben will.

Es ist, als stünde man vor Renato Guttusos Gemälde *La vucceria*, das den berühmten Markt in der sizilianischen Hauptstadt abbildet. Obwohl Goethe diese Art von Orten sehr schätzt, liefert er uns keine Beschreibung des antiken Marktes in Palermo. Unabhängig davon, ob es sich um einen Adelspalast, ein Kloster, eine Straße oder Herberge handelt, lässt sich konstatieren, dass seine erste Begegnung mit der echten mediterranen Küche ihm ausschließlich Momente intensiven Sinnesgenusses beschert hat.

Die gastronomische Tradition Siziliens ist mit den Völkern verbunden, die die Insel beherrscht haben. Phönizier, Griechen, Römer, Araber, Normannen, Schwaben, Anjou, Aragonier und Bourbonen lösten einander im Herzen des Mittelmeers ab und beeinflussten dabei unweigerlich auch die sizilianischen Tafeln mit ihren Gaumenfreuden. Goethe mag es nicht bekannt gewesen sein, doch seine geliebten Griechen waren für die Einführung der Anbaukulturen von Oliven, Dinkel, Wein und aromatischen Pflanzen wie Oregano sowie für die Perfektionierung der Wein- und Käseherstellung verantwortlich. Der Dichter vergleicht sich in Sizilien oft mit Odysseus; er weiß jedoch nicht, dass der älteste literarische Nachweis von Ricotta, der Grundzutat der meisten sizilianischen Süßspeisen, just auf die Erlebnisse des großen achäischen Helden auf der mythischen Insel Thrinakia zurückgeht, also jener Insel, die in der heutigen Forschung oft mit Sizilien identifiziert wird. Geschildert wird diese Lebensmittelproduktion in der Passage der *Odyssee,* in der der von Polyphem gefangen genommene Odysseus Zeuge der Herstellung von Käse (Ricotta?) in der Höhle des Zyklopen wird.

Zeitgleich mit der neuen Esskultur entwickelt sich auch die gastronomische Literatur: Archestratus von Gela behauptet in seinem Lehrgedicht *Hedypatheia* im 4. Jahrhundert v. Chr., er habe alle Länder und Meere bereist, jedoch nur auf Sizilien guten Geschmack angetroffen. Sein Werk dreht sich vor allem um Fisch, und man erfährt, zu welcher Jahreszeit er am besten gefangen wird, welche Arten es gibt und wie sie am geschmackvollsten zubereitet werden. Dem spanischen Einfluss verdankt man hingegen Paprika, Zucker, Tomaten, Truthähne, Mais und Kakao. Von allen Herrschern sind es jedoch die Araber, deren gastronomisches Erbe heute am meisten geschätzt wird. Im Laufe ihrer beinahe drei Jahrhunderte währenden Herrschaft (9. bis 11. Jahrhundert) führen sie Zuckerrohr, Reis, Zitrusfrüchte, Auberginen und Spinat ein; unter den Gewürzen sind Sesam, Zimt und Safran zu nennen. Viele sizilianische Gerichte, wie etwa Couscous, Granita sowie sämtliche Süßspeisen auf Basis von Mandelpaste, lassen sich ebenfalls auf den Einfluss der arabischen Welt zurückführen.

Auf dem Weg nach Segesta stärkt sich Goethe mit etwas *Wurst unter dem Obdach einer luftigen, an einer schlechten Herberge vorgebauten Halle.* Der voranschreitende Frühling bietet ein außergewöhnliches Spektakel: Feigenbäume blühen, Gerste, Hülsenfrüchte und Weizen gedeihen prächtig,

Kuh- und Ziegenherden grasen ungestört, das Land ist unglaublich fruchtbar. Bei der Ankunft in Girgenti, dem heutigen Agrigent, gelingt es dem Vetturin nur mit Mühe, eine Unterkunft für die Nacht in einem Privathaus zu finden.

Ein grüner Vorhang trennte uns und unser Gepäck von den Hausgliedern, welche in dem großen Zimmer Nudeln fabrizierten, und zwar von der feinsten, weitesten und kleinsten Sorte, davon diejenigen am teuersten bezahlt werden, die, nachdem sie erst in die Gestalt von gliedslangen Stiften gebracht sind, noch von spitzen Mädchenfingern einmal in sich selbst gedreht, eine schneckenhafte Gestalt annehmen. Wir setzten uns zu den hübschen Kindern, ließen uns die Behandlung erklären und vernahmen, dass sie aus dem besten und schwersten Weizen, Grano forte genannt, fabriziert würden. Dabei kommt viel mehr Handarbeit als Maschinen- und Formwesen vor. Und so hatten sie uns denn auch das trefflichste Nudelgericht bereitet, bedauerten jedoch, dass grade von der allervollkommensten Sorte, die außer Girgent, ja, außer ihrem Hause nicht gefertigt werden könnte, nicht einmal ein Gericht vorrätig sei. An Weiße und Zartheit schienen diese ihresgleichen nicht zu haben.

Man muss in der Tat tief ins muslimische Sizilien eindringen, um die Wiege der getrockneten Nudeln zu erspähen. Die Einführung dieser Tradition, die auf der Insel ideale Bedingungen zum Gedeihen findet, wird den Arabern zugeschrieben: Das trockene Klima und die Meeresluft auf der Insel sind gute Voraussetzungen für die Anwendung rudimentärer, aber effektiver Trocknungsmethoden. *Arabische Nudeln*, die über längere Zeit haltbar sind, können in größeren Mengen hergestellt werden und eignen sich für Transport und Vermarktung. Was Goethe beschreibt, ist nichts anderes als ein typischer Manufakturbetrieb für die Herstellung von Nudeln aus Hartweizengrieß, eine damals auf der ganzen Insel weit verbreitete Tätigkeit. In arabischen Rezeptbüchern tauchen bereits im 9. Jahrhundert Trockennudeln *(itrija)* auf. Im 12. Jahrhundert liefert Abu Abdullah Muhammad Ibn Idris, ein marokkanischer Geograf, besser bekannt unter dem Namen Idrisi, den ersten Nachweis für die gewerbliche Produktion von getrockneten Nudeln auf Sizilien, und zwar in der Ortschaft Trabia, in unmittelbarer Nähe von Palermo. Dort *werden viele Nudeln erzeugt, die in alle Gegenden ausgeführt werden, nach Kalabrien und anderen muselmanischen und christlichen Ländern. Und man verschickt davon sehr viele Schiffsladungen*. Wer weiß, ob die Nudeln, die Goethe in der Dresdner Nudelmanufaktur bestellt, dafür sorgen werden, dass er erneut in den Genuss dieses aufregenden Geschmackserlebnisses von Girgenti kommt?

Einmal mehr ziehen Ackerbohnen die Aufmerksamkeit des Agronomen Goethe auf sich: *Sie machen in gehöriger Weite voneinander Löcher in die Erde, darein tun sie eine Handvoll Mist, sie erwarten Regen, und dann stecken sie die Bohnen. Das Bohnenstroh verbrennen sie, mit der daraus entstehenden Asche waschen sie die Leinwand.*

Auf Sizilien blickt der Anbau von Ackerbohnen auf eine sehr lange Tradition zurück, und ihre Verwendung, sowohl in getrockneter als auch frischer Form, ist in der sizilianischen Küche weit verbreitet. Die Hülsenfrucht ist die Grundlage für das Macco, ein typisches Gericht der armen Küche, eine Art Suppe – vergleichbar mit Polenta. Auf Felder mit Ackerbohnen folgen solche mit *unendlich schönem Weizen, eine Art von Sommerkorn, das in drei Monaten reif wird*. Und dann wieder weite Flächen mit Kohl, Linsen, Feigen und Mandelblüten. Der Maultiertreiber, der die Reisenden begleitet, macht eine Pause und verspeist *mit größtem Appetit rohe Artischocken und Kohlrabi*: Goethe kostet auch davon und konstatiert, dass sie äußerst zart und saftig sind.

Die Reise wird unter sengender Sonne fortgesetzt, die nächste Station ist Caltanissetta, im Herzen der Insel gelegen. Goethe möchte die berühmte *Kornkammer Italiens* mit eigenen Augen betrachten. *Keine großen Flächen, aber sanft gegeneinander laufende Berg- und Hügelrücken, durchgängig mit Weizen und Gerste bestellt, die eine ununterbrochene*

Masse von Fruchtbarkeit dem Auge darbieten, eine Landschaft, die sich bis ins Unendliche erstreckt. Die Reise ins Landesinnere hinterlässt einen faden Beigeschmack, denn Goethe lernt Sizilien mit all seinen unangenehmen Facetten kennen. Eines der größten Probleme ist das Fehlen von Unterkünften, sodass es jede Nacht ein echter Kampf ist, einen annehmbaren Schlafplatz (kein Bett!) zu finden oder eine Mahlzeit zu bekommen: *Wir hatten unterwegs eine Henne gekauft, der Vetturin war gegangen, Reis, Salz und Spezereien anzuschaffen, weil er aber nie hier gewesen, so blieb lange unerörtert, wo denn eigentlich gekocht werden sollte, wozu in der Herberge selbst keine Gelegenheit war. Endlich bequemte sich ein ältlicher Bürger, Herd und Holz, Küchen- und Tischgeräte gegen ein billiges herzugeben.*

Die schlaflosen Nächte, die anstrengende Hitze und der quälende Hunger bringen die beiden Deutschen fast zur Verzweiflung. Als sie ein weiteres *unbequemes Nachtlager* beziehen, bereitet ihnen der *Maultierknecht,* im Glauben, ihnen einen Gefallen zu tun, einige Disteln zu und erklärt ihnen, dass das Innere sehr erfrischend sei und die durch die Hitze hervorgerufenen Beschwerden lindere. Goethe und Kniep ziehen jedoch eine Scheibe Brot mit einem Glas unverdünnten Wein vor.

Messina ist die letzte Station des Sizilienaufenthaltes. Auch hier muss der *Reitmann* tätig werden, um eine angemessene Unterkunft zu finden. Die *angenehme Wohnung*, in der sie untergebracht sind, die von bedeutenden Persönlichkeiten der Stadt gebotenen weltlichen Momente, die Einladungen zu Mittag- und Abendessen sowie die Treffen in den Cafés sind zwar willkommen, können aber nicht das Gefühl der Müdigkeit vertreiben, das sich vor allem in den letzten Wochen eingestellt hat. So endet die Reise des *Pilgers weit weg von seiner Heimat* auf enttäuschende Art und Weise: Die Unannehmlichkeiten, der fehlende Komfort und die immer noch sichtbaren Spuren des verheerenden Erdbebens von 1763 signalisieren, dass es an der Zeit ist, die Rückreise anzutreten.

Sizilien, eine lebendige Insel voller Widersprüche, wird für Goethes weitere literarische Laufbahn von großer Bedeutung sein. Und so schreibt der Dichter vor seiner Abreise: *Italien ohne Sizilien macht gar kein Bild in der Seele: hier ist erst der Schlüssel zu allem.* [...] *Die Reinheit der Konture, die Weichheit des Ganzen, das Auseinanderweichen der Töne, die Harmonie von Himmel, Meer und Erde.* [...] *Wer es gesehen hat, der hat es auf sein ganzes Leben.* Dies sind seine letzten Gedanken, als ihn, nachdem er die mythischen Skylla und Charybdis bewundern darf, abermals die Seekrankheit befällt und er sich *mit rotem Wein und gutem Brot* in seine *Kajüte* zurückzieht.

Arancini di riso
(Frittierte Reisbällchen)

Die sizilianische Spezialität schlechthin ist entweder kegelförmig oder rund und hat einen Namen rätselhaften Ursprungs, dem man oft in seiner weiblichen Form (arancina) begegnet. In den Arancini spiegeln sich die Einflüsse der verschiedenen Küchenkulturen der Insel im Laufe der Jahrhunderte wider, von der arabischen bis zur französischen und von der griechischen bis zur spanischen Küche.

Zutaten

Für die Füllung:

1 Mozzarella, in Würfel geschnitten

Fleischsauce (möglichst am Vortag zubereiten):

150 g Kalbshackfleisch

150 g Rinderhackfleisch

1 kleine Zwiebel, fein gewürfelt

100 g Erbsen (vorzugsweise frisch)

200 g passierte Tomaten

1 kleines Glas trockener Weißwein

Gemüsebrühe nach Bedarf

5-6 fein gehackte Basilikumblätter

Salz und Pfeffer

Olivenöl Extra Vergine

Für die Reismasse:
300 g Risotto-Reis (Typ Arborio)
Gemüsebrühe
1 EL Butter
4-5 Safranfäden
Salz
2 Eier
100 g geriebener Parmesan
(oder 50 g Parmesan und 50 g Pecorino)

Fürs Frittieren:
2 verquirlte Eier
Mehl
Semmelbrösel
Erdnussöl zum Frittieren (1,5 l)

Zum Garnieren:
Lorbeerblätter

Die Gemüsebrühe aufkochen und einige Löffel davon in einer Schüssel beiseitestellen: Safranfäden in die Schüssel geben und ziehen lassen. Derweil den Reis etwa 25 Minuten in der Brühe kochen. Kurz vor Ende der Garzeit die Flüssigkeit mit dem Safran hinzufügen, nachdem die Fäden zuvor herausgenommen wurden, und den Reis weitere 2-3 Minuten köcheln lassen. Der Reis sollte leicht verkocht sein. Abgießen, in eine Schüssel geben, Butter hinzufügen, umrühren und abkühlen lassen.

Für die Fleischsauce einige Esslöffel Öl in eine beschichtete Pfanne geben und die Zwiebel andünsten. Sobald sie goldbraun ist, die beiden Hackfleischsorten hineingeben und scharf anbraten. Mit einem Glas Weißwein ablöschen, salzen und pfeffern und die passierten Tomaten sowie ein wenig Gemüsebrühe hinzufügen. Bei mittlerer Hitze etwa eine halbe Stunde köcheln lassen, dann die Erbsen hinzugeben und mindestens eine halbe Stunde weiter garen. Die Fleischsauce sollte am Ende der Garzeit eingedickt sein. Zuletzt das gehackte Basilikum hinzufügen. Wenn der Reis abgekühlt ist, Eier, Parmesan (eventuell Pecorino) sowie Salz hinzugeben und zu einer kompakten Masse vermengen, die man mindestens 30 Minuten ruhen lässt.

Die Hände anfeuchten, damit sich der Reis besser formen lässt. Eine Portion Reis in die Handfläche legen, flachdrücken und in die Mitte einen Teelöffel Fleischsauce sowie einen kleinen Mozzarella-Würfel hineingeben; dann sehr vorsichtig umschließen und mit beiden Händen eine Kugel formen. Auf diese Weise fortfahren, bis der Reis und die Fleischsauce aufgebraucht sind. In einer Schüssel die restlichen Eier verquirlen und mit Salz würzen. Die Arancini in Mehl wälzen, durch die verquirlten Eier ziehen, in Semmelbrösel wenden und schließlich in reichlich heißem Öl ausbacken. Die Arancini sollten im Öl schwimmen. Sobald sie eine schöne goldene Farbe angenommen haben, auf Küchenpapier abtropfen lassen, um überschüssiges Fett zu entfernen.

Auf eine Servierplatte legen und jeden Arancino mit einem Lorbeerblatt garnieren, damit es wie ein Orangenblatt anmutet. Die Arancini werden vorzugsweise warm verzehrt.

Pasta con le sarde (Nudeln mit frischen Sardinen)

Die Hauptzutat ist wilder Fenchel, der jedoch schwer zu finden ist, wenn man nicht auf Sizilien lebt; man kann ihn durch Dill und Fenchelgrün ersetzen.

Zutaten

400 g Nudeln (Bucatini oder Makkaroni, möglichst hausgemacht)
300 g frische Sardinen
1 Bündel wilder Fenchel
1 Zwiebel, fein gehackt

4-5 gesalzene Anchovis
40 g Rosinen
40 g Pinienkerne
½ Päckchen Safran
40 g Semmelbrösel
3 Knoblauchzehen
2 EL Marsala oder Weißwein
Olivenöl Extra Vergine
Salz und Pfeffer

Die Sardinen entgräten, indem man zuerst Kopf und Schwanz entfernt und dann mittig mit dem Finger zwischen den beiden Enden hindurchfährt; danach vorsichtig die mittlere Gräte herausziehen. Unter fließendem Wasser waschen und auf einen Teller legen. Anschließend die Rosinen etwa zehn

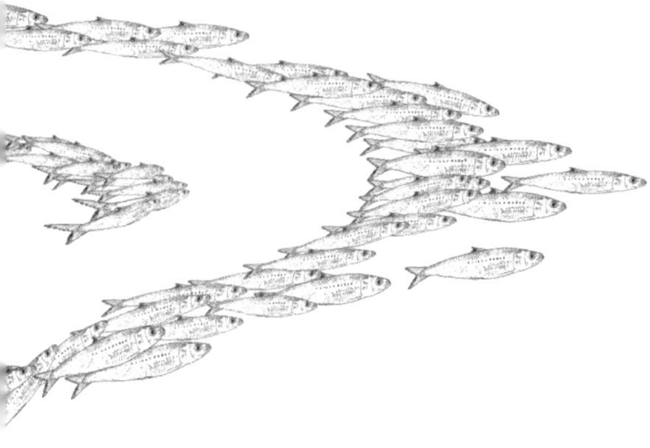

Minuten in Wasser einweichen. In der Zwischenzeit den wilden Fenchel putzen und in reichlich Salzwasser etwa fünfzehn Minuten kochen. Den Fenchel abgießen und das abgeseihte Wasser beiseitestellen, da es zum Kochen der Nudeln benötigt wird. Fenchel auswringen, fein hacken und zur Seite stellen. Die Zwiebel in Öl andünsten, Anchovis hinzugeben und mit einer Gabel zerdrücken, dann die Sardinen, die eingeweichten Rosinen sowie die Pinienkerne hinzufügen und mit Salz und Pfeffer würzen. Vorsichtig umrühren und zehn Minuten ziehen lassen. Den Fenchel und den in etwas Fenchelwasser aufgelösten Safran hinzugeben, vorsichtig umrühren, die Hitze reduzieren und weitere zehn Minuten ziehen lassen. In einer kleinen Pfanne die Semmelbrösel anrösten. Die Nudeln in dem gesalzenen Fenchelwasser al dente kochen. Abgießen und in die Pfanne mit der Sardinen-Fenchel-Sauce geben. Kurz bei starker Hitze schwenken, damit alles Geschmack annimmt. Danach in eine heiße, zuvor mit etwas Sauce ausgestrichenen Auflaufform geben, mit Semmelbröseln bestreuen, etwa zehn Minuten im vorgeheizten Backofen bei 200 °C verweilen lassen und schließlich die Nudeln heiß servieren.

Caponata di carciofi (Süßsaures Artischockengemüse)

Caponata ist ein sehr altes Gericht, von dem die Accademia Italiana della Cucina etwa 36 regionale Varianten erfasst hat. Die Artischocken-Caponata ist die Wintervariante der berühmteren Auberginen-Caponata, die wiederum typisch für den Sommer ist.

Zutaten

6 Artischocken
200 g Stangensellerie
2 Zwiebeln, vorzugsweise rote
150 g reife und geschälte Tomaten
100 g grüne Oliven
50 g entsalzte Kapern
50 g Pinienkerne
geröstete Mandeln (optional)
Petersilie und frisches Basilikum
2 EL Zucker
4 EL Weißweinessig
Olivenöl Extra Vergine
Salz und Pfeffer
1 unbehandelte Zitrone

Die Artischocken putzen, indem man die Stiele entfernt, die Spitzen mit den Stacheln abschneidet und die zäheren äußeren Blätter abzieht, bis man zu den zarteren gelangt. Diese in Scheiben schneiden und in Wasser mit viel Zitronensaft einweichen, damit sie nicht braun werden. Anschließend etwa 10 Minuten in siedendem Salzwasser kochen. Abgießen und beiseitestellen. Stangensellerie putzen, die faserigen Teile entfernen und in dünne Scheiben schneiden. Einige Minuten in reichlich Salzwasser kochen. Abgießen und zur Seite stellen. Die geschälten Tomaten entkernen und in Stücke schneiden. In einer Pfanne das Öl erhitzen und die in feine Ringe geschnittenen Zwiebeln andünsten, dann Sellerie, Tomaten und Artischocken hinzufügen. Etwa 10 Minuten bei starker Hitze ziehen lassen. Danach Kapern, Oliven, Pinienkerne, Zucker und schließlich Weißweinessig hineingeben. Essig verdampfen lassen und alles weiter garen, bis die Artischocken weich sind. Vom Herd nehmen und mit fein gehackter Petersilie und Basilikum bestreuen. Abkühlen lassen und als Beilage oder Hauptgericht servieren.

Nach Belieben vor dem Servieren Mandeln darauf verteilen.

Falsomagro
(Sizilianischer Rinderrollbraten)

Wie der Name erahnen lässt, hat diese ursprünglich aus Frankreich stammende Spezialität, die ein Eckpfeiler der sizilianischen Küche ist, nichts Mageres an sich, da es sich hierbei um einen reichlich gefüllten Rollbraten handelt. Es gibt unzählige Varianten, je nach Füllung (Mortadella, Schinken, Spinat) und Zubereitungsart (im Ofen gegart oder auf dem Herd geschmort).

Zutaten

600–800 g Kalbsnuss am Stück
150 g gehackte Salsiccia (aus der Pelle befreit)
200 g Kalbshackfleisch
Petersilie, Oregano und Thymian, jeweils frisch und gehackt
2 EL geriebener Pecorino
ein halbes altbackenes,
in Wasser eingeweichtes und ausgedrücktes Weizenbrötchen
1 zerdrückte Knoblauchzehe
100 g dünne Scheiben Schweinespeck
100 g roher Schinken (oder milde Salami)
100 g frischer Caciocavallo,
in dünne Scheiben geschnitten
3 hartgekochte Eier, in Scheiben geschnitten

4 Frühlingszwiebeln
200 g Tomatensoße
1 Glas Marsala (oder Rotwein)
100 ml Fleisch- oder Gemüsebrühe
50 g Mehl
Olivenöl Extra Vergine
Salz und Pfeffer

In einer Schüssel die Salsiccia, das Hackfleisch, die gehackten Kräuter, das Ei, den Pecorino, das eingeweichte und ausgedrückte altbackene Brot und die Knoblauchzehe vermengen, bis eine glatte Masse entsteht. Das Fleischstück auf einer ebenen Fläche in eine rechteckige Form klopfen. Die Speck- und Schinkenscheiben (respektive Salamischeiben) der Länge nach auslegen. Anschließend die Fleischfüllung gleichmäßig darauf verteilen. Dann die Eierscheiben und zuletzt den Caciocavallo darauflegen. Den Braten sehr vorsichtig aufrollen, sodass er die Form einer Salami annimmt, und mit Küchengarn zusammenbinden.

In einem großen flachen Kochtopf die fein gehackten Frühlingszwiebeln in ein paar Esslöffeln Öl andünsten und den Rollbraten hineinlegen. Bei starker Hitze scharf anbraten, Wein dazugeben und ablöschen. In der Zwischenzeit die Tomatensoße mit etwas Brühe erhitzen und über den Rollbraten gießen. Bei mäßiger Hitze etwa eine Stunde köcheln lassen, bei Bedarf einige Kellen heiße Brühe nachgießen.

Wenn das Fleisch gar ist, abkühlen lassen, den Küchengarn entfernen und in etwa ein Zentimeter dicke Scheiben schneiden. Das Falsomagro lauwarm servieren und mit reichlich Bratensauce beträufeln.

Involtini di pesce spada (Schwertfischröllchen)

Zutaten

10 dünne Scheiben Schwertfisch
100 g Semmelbrösel
1 EL entsalzte Kapern
1 EL Rosinen
1 EL Pinienkerne
1 Knoblauchzehe, gehackt
reichlich Petersilie, fein gehackt
2 EL geriebener Pecorino
1 Frühlingszwiebel
8 Lorbeerblätter
Olivenöl Extra Vergine
Salz und Pfeffer

Für das Dressing:

Saft einer unbehandelten Zitrone
2 EL gehackte Petersilie
1 EL frischen und gehackten oder getrockneten Oregano
100 ml Olivenöl Extra Vergine
1 gehackte Knoblauchzehe
Salz und Pfeffer

Die Schwertfischscheiben von der Außenhaut befreien, unter kaltem Wasser abspülen, mit Küchenpapier trocken tupfen, salzen und kühl stellen. Die Frühlingszwiebel, den Knoblauch, die Petersilie und die Kapern hacken. Frühlingszwiebel und Knoblauch in etwas Öl kurz andünsten, dann die Semmelbrösel hinzugeben. Nach ein paar Minuten vom Herd nehmen und den Pecorino, die Pinienkerne, die in etwas warmem Wasser eingeweichten Rosinen, die gehackten Kapern und die Petersilie hinzufügen. Die Füllung mittig auf jede Schwertfischscheibe platzieren, diese danach aufrollen und mit einem Zahnstocher fixieren. Ein Backblech mit etwas Öl ausstreichen, die Röllchen abwechselnd mit den Lorbeerblättern anordnen, mit ein wenig Öl beträufeln und im vorgeheizten Backofen bei 180 °C etwa 15 Minuten garen. In der Zwischenzeit das Dressing zubereiten, indem alle Zutaten miteinander vermengt werden.

Aus dem Ofen nehmen, mit dem Dressing beträufeln und unverzüglich servieren.

Cannoli di ricotta (Gebäckröllchen mit Ricottacreme)

Zutaten

Für die Teigröllchen (Hülle/Mantel):

200 g Mehl Typ 00

1 Stückchen Butter

2 EL Marsala

2 TL Zucker

1 EL Backkakao

1 Prise Salz

Weißwein für den Teig (nach Bedarf)

1 leicht geschlagenes Eiweiß, um den ausgerollten Teig auf den Metallformen zu fixieren

Pflanzenöl zum Frittieren (oder Schmalz)

Für die Creme:

400 g Ricotta (vorzugsweise aus Schafsmilch)

125 g Puderzucker

50 g Zartbitterschokolade, in kleinen Stücken (möglichst aus Modica)

Für die Garnierung:

50 g kandierte Orangenschalen

30 g gehackte Pistazien aus Bronte

Puderzucker

Alle Zutaten für die Teigröllchen sehr gut durchkneten, um einen homogenen Teig zu erhalten, den man etwa eine Stunde an einem kühlen Ort ruhen lässt. Dann den Teig sehr dünn ausrollen und Kreise (mit 10 cm Durchmesser) ausstechen. Die Teigkreise um die Formen (Edelstahlröhrchen oder spezielle Aluminiumzylinder) wickeln und an den Stellen, an denen sich der Teig überlappt, mit Eiweiß bestreichen und befestigen. In reichlich Öl frittieren, bis der Teig eine schöne braune Farbe annimmt. Auf Küchenpapier abtropfen lassen. Wenn die Teigröllchen abgekühlt sind, die Formen vorsichtig entfernen.

Für die Füllung den Ricotta mit dem Zucker zu einer glatten Creme verrühren und durch ein Sieb streichen, um eventuelle Klumpen zu vermeiden, danach die Schokolade hinzufügen. Die Masse im Kühlschrank ruhen lassen. Teigröllchen mit der Ricottacreme füllen und die Enden mit Orangenstückchen und/oder gehackten Pistazien garnieren. Darauf achten, dass die Teigröllchen erst kurz vor dem Servieren gefüllt werden: So bleiben sie knusprig. Nach Belieben mit Puderzucker bestreuen.

Granita al limone (Zitronen-Granita)

Zutaten

1 unbehandelte Zitrone
300 ml gefilterter Bio-Zitronensaft
200 g raffinierter Zucker
frische Minzblätter
Zitronenschale

Die Schale einer gut gewaschenen Zitrone abreiben und mit einem Liter Wasser aufgießen. Zucker hinzufügen und bei schwacher Hitze vollständig auflösen lassen. Wenn das Zuckerwasser abgekühlt ist, den Zitronensaft durch ein Sieb hinzugeben und gut verrühren. Die Mischung zum Einfrieren ins Gefrierfach stellen und etwa alle zwanzig Minuten nachsehen, dabei vorsichtig mit einem kleinen Spatel umrühren, damit sich keine Eiskristalle bilden. In kleinen Tassen oder Gläsern servieren und mit geriebener Zitronenschale sowie einem Minzblatt garnieren.

Wer eine Eismaschine besitzt, kann den abgekühlten Zitronensirup direkt in den Behälter gießen und den Sorbet-Modus wählen.

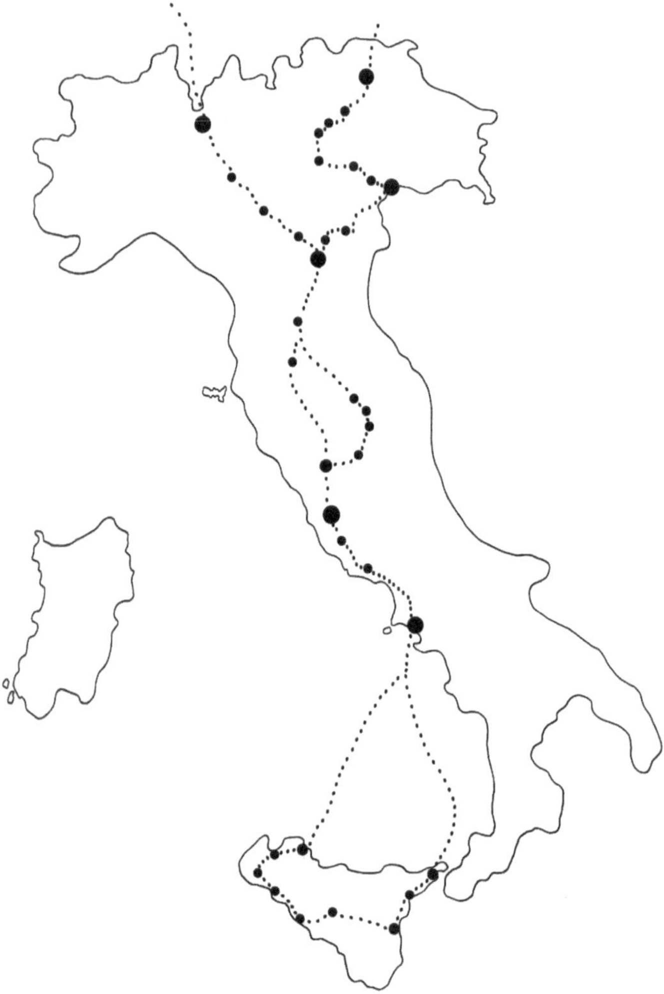

Digestif: Was bleibt

Nach einem fast zweijährigen Aufenthalt *im Land, wo die Zitronen blühn*, kehrt der dem Herzogtum entflohene Dichter und Minister Johann Wolfgang von Goethe am 18. Juni 1788 nach Weimar zurück. Zitronen ist er vielen begegnet – von gardesanischen bis römischen, von kampanischen bis zu sizilianischen –, und ihr Leuchten erhellt seine Bildungsreise, die für seine dichterische Wiedergeburt von maßgeblicher Bedeutung ist. Der Goethe, der nach Deutschland zurückkommt, ist in der Tat ein neuer Mensch, vermutlich sogar einige Kilo schwerer. Nachdem er entnervt abgereist war, kehrt er beseelt zurück, bereit, mit neuem Elan zu schreiben. Die Heimkehr gestaltet sich jedoch schwierig. Der Dichter fühlt sich unverstanden, quasi wie ein Fisch auf dem Trockenen, und er vermisst die mediterrane Welt, jenes idealisierte Paradies, das er kennengelernt hat und nun fürchtet, unwiederbringlich zu verlieren: *Aus Italien, dem formreichen, war ich in das gestaltlose Deutschland zurückgewiesen, heiteren Himmel mit einem düsteren zu vertauschen; die Freunde, statt mich zu trösten und wieder an sich zu ziehen, brachten mich zur Verzweiflung. Mein Entzücken über entfernteste, kaum bekannte Gegen-*

stände, mein Leiden, meine Klagen über das Verlorne schien sie zu beleidigen, ich vermisste jede Teilnahme, niemand verstand meine Sprache.

Glücklicherweise lernt er Christiane Vulpius kennen, die Frau, an die er ein Leben lang gebunden bleibt, die er aber erst 1806 heiratet und damit eine skandalöse und in Weimar viel diskutierte Liebschaft legitimiert. Dass eine Person wie Goethe sich an ein bürgerliches Mädchen binden könnte, erschien vielen unbegreiflich, doch in Wirklichkeit war es eine sehr glückliche Partnerschaft, eine freie und sinnliche Liebe, für den Dichter geradezu eine Reminiszenz an die italienischen Leidenschaften. Noch heute wird darüber gerätselt, ob sie es ist, die als Inspiration für die berühmte Faustina in den wunderschönen erotischen Versen der *Römischen Elegien* gedient hat. Sicher ist, dass Goethe ohne seinen befreienden Aufenthalt in Italien niemals eine Beziehung mit Christiane eingegangen wäre, einer Frau, die in ihrer Schlichtheit die ursprüngliche und manchmal wilde Volksseele verkörpert, wie der Dichter sie in Italien kennengelernt hatte: eine zur Frau gewordene Mignon, die mal kindlich, mal verführerisch daherkommt. Vielleicht ist es ihr zu verdanken, dass Goethe glaubt, seine glückliche Zeit im *Bel Paese* wieder aufleben zu lassen, wenn nicht gar zu übertreffen, indem er quasi zwischen Traum und Wirklichkeit sowie zwischen Überschreiten sozialer Normen und Konformität hin- und herpendelt.

Nach seiner Rückkehr nach Deutschland vergisst Goethe nicht die Gaumenfreuden, die er in Italien genießen durfte – im Gegenteil, sein Italienaufenthalt hat sein natürliches Gespür für kulinarische Traditionen noch verfeinert. Was Goethe – neben der Qualität und dem Geschmack der Zutaten und den Aromen der Speisen – am meisten fasziniert, ist allen voran der Reichtum und die Vielfalt der Naturprodukte, der Landwirtschaft, der Viehzucht und der Fischwelt: Italien bleibt ihm als ein Paradies auf Erden in Erinnerung, ein Land, das auch dank der landschaftlichen Diversität und der Milde seines Klimas vom Glück geküsst zu sein scheint.

Der Dichter deckt sich regelmäßig ein mit typisch mediterranen Erzeugnissen wie Nudeln, Zitrusfrüchten (insbesondere Zitronen) und Parmesan, *als* – wie er selbst vermerkt – *welcher zu den Macaronis ganz unentbehrlich ist*. Es wird erzählt, dass Goethe nach seiner Rückkehr nach Weimar in seinem Garten Artischocken sät, denen er sogar ein Gedicht widmet; seine Gäste sind indes von einem seiner Lieblingsgerichte, dem italienischen *Stuffato,* ganz angetan. In Frankfurt, im herrlichen Garten seines Geburtshauses, werden Besucher verzaubert vom Anblick einer wunderbaren Feigenpflanze – vielleicht die Frucht, die der große Literat am meisten liebt und die er als Delikatesse betrachtet, ein Reiseleckerbissen von den ersten Kilometern seines italienischen Abenteuers. Ende August jeden Jahres, zu Goethes Geburtstag, trägt der Feigenbaum wie von Zauberhand pünktlich Früchte. Man stelle sich den Dichter vor, wie er in dieser Ecke des Paradieses sitzt und die Augen schließt: Der intensive, unverwechselbare Duft der Früchte und die Zartheit ihres Fruchtfleisches wecken die Sehnsucht nach fernen Ländern, während seine Gedanken ihn in ein Land im Herzen des Mittelmeeres zurückführen. Es ist eine olfaktorische Erfahrung, die in ihm ein Gefühl des Wohlbefindens, der Zufriedenheit, der Nostalgie und des Trostes hervorruft und Fragmente seines einstigen Lebens wieder aufblühen lässt, die er für immer verloren glaubte.

Liebe geduldige Leserin und lieber Mitreisende, jetzt bleibt nur noch, sich in die Küche zu begeben! Die Rezepte wurden zubereitet und überarbeitet von der Autorin, die sie dem Geschmack des 21. Jahrhunderts angepasst hat, in der Gewissheit, dass diese moderne Interpretation auch von unserem Frankfurter *Globetrotter* geschätzt worden wäre.

Noch ein letzter Hinweis, bevor es ans Eingemachte geht: Im Laufe der Zeit erneuern sich die Rezepte, sodass immer neue Geschmäcker und Trends befriedigt werden. Der Tradition folgend, wurden hier lediglich Anregungen gegeben, die aber keineswegs verbindlich sind. Jeder kann diese Reise durch die Gaumenfreuden so gestalten, wie er möchte, und seine ganze Neugier und Fantasie walten lassen, um zu neuen Ufern zu gelangen und neue gastronomische Varianten zu entdecken.

Viele Gäste wünsch' ich heut
Mir zu meinem Tische!
Speisen sind genug bereit,
Vögel, Wild und Fische.
Eingeladen sind sie ja,
Sieh mir, ob sie kommen!
Haben's angenommen.
Hänschen, geh' und sieh dich um!

Buon appetito!
Guten Appetit!

Literaturverzeichnis

Die in diesem Band zitierten Passagen sind den folgenden Ausgaben entnommen:

Johann Wolfgang von Goethe, *Italienische Reise*, Hamburger Ausgabe Bd. 11, München 1988.

Johann Wolfgang von Goethe, *Dichtung und Wahrheit*, Hamburger Ausgabe Bd. 9, München 1988.

Johann Wolfgang von Goethe, *Wilhelm Meisters Lehrjahre*, Hamburger Ausgabe Bd. 7, München 1988.

Johann Caspar Goethe, *Reise durch Italien im Jahre 1740,* hrsg. von der Deutsch-Italienischen Vereinigung e.V. Frankfurt am Main, München 1986.

Accademia Italiana della Cucina, *La tradizione a tavola. 3000 Rezepte aus den Regionen Italiens,* Azzano San Paolo 2015.

Pellegrino Artusi, *Kochbuch Italien. Die klassische italienische Kochkunst. 790 traditionelle Rezepte. Ein Standardwerk der italienischen Küche*, München 2022.

Johann Peter Eckermann, *Gespräche mit Goethe in den letzten Jahren seines Lebens*, hrsg. von Fritz Bergemann, Frankfurt am Main 1981.

Heiner Boehncke, Joachim Seng, *«Will keiner trinken? keiner lachen?» Goethe und der Wein,* Frankfurt am Main 2004.

Werner Bockholt, Herbert Frauenberger, *Das Goethe Kochbuch. Ein literarisches Kochbuch*, Steinhagen 1996.

Ada Boni, *La cucina romana*, Rom 1983.

Attilio Brilli, *Il viaggio in Italia. Bologna* 2006.

Iso Camartin, *Jeder braucht seinen Süden*, Frankfurt am Main 2005.

Alberto Capatti, Massimo Montanari, *La cucina Italiana. Storia di una cultura*, Rom 1999.

Ippolito Cavalcanti, *Cucina Teorico-pratica*, Druckfassung G. di Palma, Neapel 1839.

Italo Alighiero Chiusano, *Vita di Goethe*, Mailand 1981.

Grazia Cianciaruso (Hrsg.), *Caspar Goethe. Napoli città gentile*, Neapel 1993.

Sigrid Damm (Hrsg.), *Behalte mich ja lieb! Christianes und Goethes Ehebriefe*, Frankfurt am Main 1998.

August von Goethe, *Auf einer Reise nach Süden. Tagebuch 1830*, München 2003.

Carlo Goldoni, *La Donna di Garbo oder Liebe macht erfinderisch*, Berlin 1972.

Jörn Göres (Hrsg.), *Goethe in Italien*, Mainz 1986.

Erich Grasdorf, Peter Brunner, *Zu Tisch mit Goethe. Rezepte aus der Zeit der deutschen Klassiker*, Aarau 1995.

Joseph Imorde, Erik Wegerhoff (Hrsg.), *Dreckige Laken. Die Kehrseite der Grand Tour*, Berlin 2018.

Werner Liersch (Hrsg.), *Fisch mit Parmesan. Rezepte aus dem Goethe-Haus*, Chemnitz 1991.

Petra Maisak, Hans-Georg Dewitz, *Das Goethe Haus in Frankfurt am Main*, Frankfurt am Main 1999.

Gualtiero Marchesi, Luca Vercelloni, *La tavola imbandita. Storia estetica della cucina*, Rom/Bari 2001.

Alessandro Molinari Pradelli, *Bologna. L'università della cucina, città generosa e cordiale,* Florenz 2006.

Massimo Montanari (Hrsg.), *Il mondo in cucina. Storia, identità, scambi*, Rom/Bari 2002.

Massimo Montanari, *Der Hunger und der Überfluss. Kulturgeschichte der Ernährung in Europa,* München 1998.

Dieter Richter, *Goethe in Neapel*, Berlin 2012.

Sardellen Salat sehr gut. Kochbücher, Rezepte und Menükarten aus dem Goethe-und-Schiller-Archiv, Klassik Stiftung Weimar, 2018.

Joachim Schulz (Hrsg.), *Essen und Trinken mit Goethe*, München 1998.

Roberto Venuti (Hrsg.), *Johann Wolfgang Goethe. Tagebücher und Briefe aus Italien (1786-1788)*, Rom 2002.

Roberto Zapperi, *Das Inkognito. Goethes ganz andere Existenz in Rom,* München 2010.

Der Übersetzer hat sich bemüht, für alle Originalzitate eine deutsche Quelle zu finden. Wo dies in einigen wenigen Fällen nicht möglich war, hat er sie sinngemäß übersetzt.

Rezeptverzeichnis

Arancini di riso (Frittierte Reisbällchen) 130
Cannoli di ricotta (Gebäckröllchen mit Ricottacreme) 144
Carciofo alla giudìa (Artischocken nach jüdischer Art) 86
Caponata di carciofi (Süßsaures Artischockengemüse) 137
Ciambellone ai fichi (Kranzkuchen mit frischen Feigen) 21
Coda alla vaccinara (Geschmortes Ochsenschwanzragout) 90
Crostata di ricotta e visciole (Ricotta-Kirschkuchen) 92
Falsomagro (Sizilianischer Rinderrollbraten) 139
Filetto di manzo alla tirolese e polenta (Rinderfilet nach Tiroler Art mit Polenta) 36
Frittura di pesce (Frittierter Fisch) 114
Granita al limone (Zitronen-Granita) 146
Involtini di pesce spada (Schwertfischröllchen) 142
Maccheroni alla napoletana (Makkaroni mit neapolitanischer Fleischsauce) 110
Panzerotti con scarola (Teigtaschen mit Endivienfüllung) 108
Pasta con le sarde (Nudeln mit frischen Sardinen) 134
Pastiera napoletana (Neapolitanischer Osterkuchen) 118
Polpettone alla bolognese (Hackbraten nach Bologneser Art) 70
Polpo alla luciana (Oktopus mit Tomaten, Kapern und Oliven) 112

Risotto con noci e crema di zucca (Kürbisrisotto mit Walnüssen) 41
Sarde in saor (Marinierte Sardinen) 43
Spaghetti con favette, cacio e pepe (Spaghetti mit Ackerbohnen, Käse und Pfeffer) 88
Spuma di mortadella (Mortadella-Mousse) 60
Strudel di mele (Apfelstrudel) 46
Tagliatelle al ragù (Tagliatelle mit Bolognese-Sauce) 62
Torta degli addobbi o di riso (Milchreiskuchen) 72
Torta di pane o Nicolotta (Venezianischer Brotkuchen) 49
Tortellini in brodo (Tortellini in der Brühe) 65
Trota salmonata al cartoccio (Lachsforelle in der Folie) 39
Zeppole di San Giuseppe (Neapolitanischer Brandteigkrapfen) 116
Zuppa di pesce Serenissima (Venezianische Fischsuppe) 44

Über die Autorin

Laura Melara-Dürbeck wurde in Turin geboren, wuchs in Bologna auf und studierte dort sowie in Heidelberg Germanistik und Anglistik. Ihre Leidenschaft für Literatur und Kulinarik ließ sie die gastro-literarische Agentur *Porta un libro a cena* (auf Deutsch etwa «Bring ein Buch zum Abendessen mit») ins Leben rufen, die sich an alle Liebhaberinnen und Liebhaber der guten Küche und der Literatur wendet. Seit 14 Jahren ist sie Mitglied der *Accademia Italiana della Cucina* (A.I.C. / Akademie der italienischen Küche), einer kulturellen Institution Italiens, deren Abteilung in Frankfurt am Main sie seit 2014 leitet. Seit 2022 ist sie zudem im Vorstand der Frankfurter Stiftung für deutsch-italienische Studien.

Questo libro è stato tradotto grazie a un contributo per la traduzione assegnato dal Ministero degli Affari Esteri e della Cooperazione Internazionale italiano.

Die Übersetzung dieses Buches kam dank einer Förderung des Italienischen Ministeriums für Auswärtige Angelegenheiten und Internationale Zusammenarbeit zustande.

1. Auflage 2024

ISBN 978-3-7725-3220-7

Verlag Freies Geistesleben
Landhausstraße 82 · 70190 Stuttgart
www.geistesleben.de

I sapori del giovane Goethe
Ricette e pietanze dal Viaggio in Italia

Layout und Satz: Thomas Neuerer
Druck: GGP Media GmbH, Pößneck
Printed in Germany

MIX
Papier | Fördert gute Waldnutzung
FSC® C014496